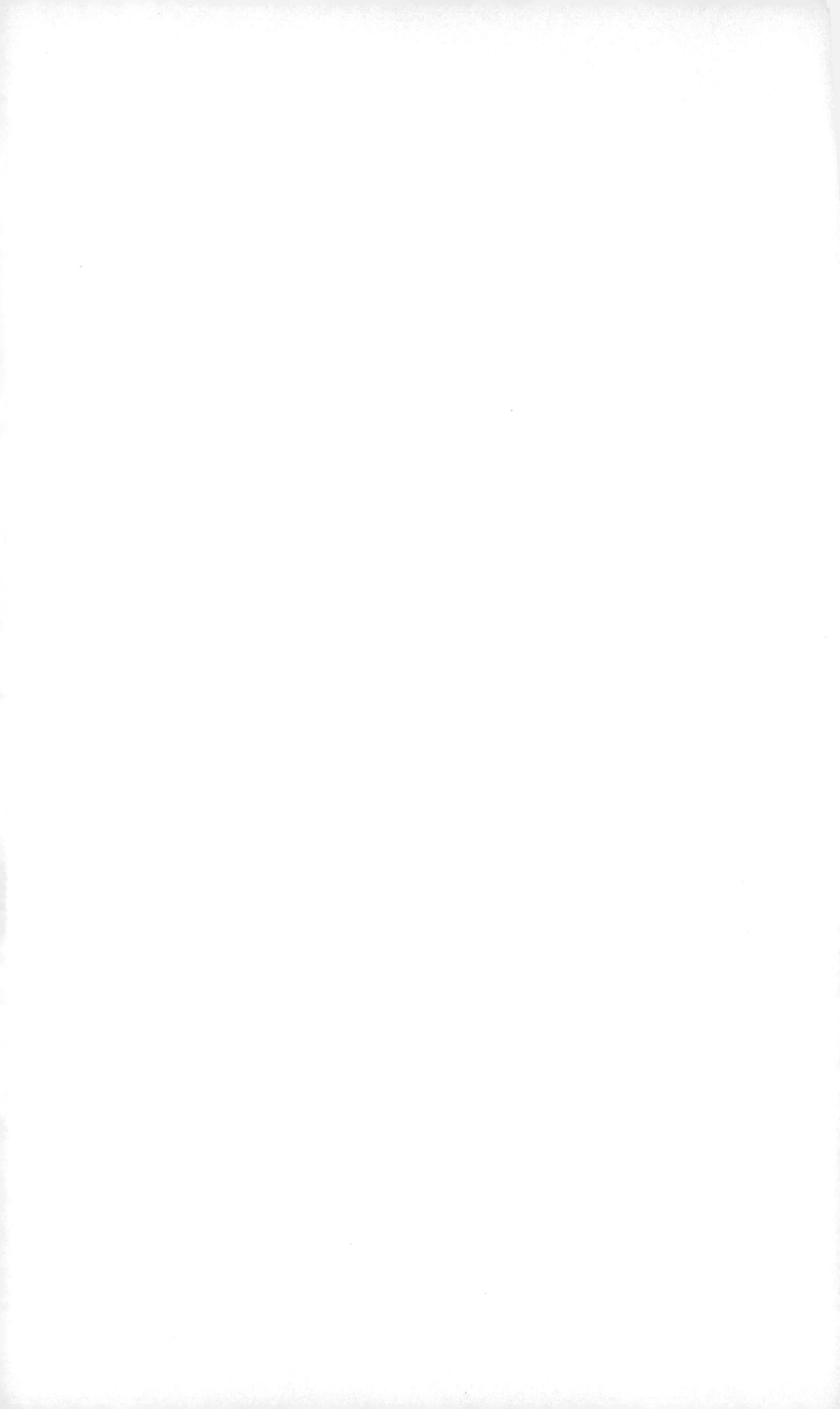

THÉORIE
DE LA PEINTURE.

Seconde Partie.

TRAITÉ
DE PERSPECTIVE AÉRIENNE,

A L'USAGE

DES ARTISTES;

PAR M. PAUL LAURENT,

PEINTRE, ANCIEN ÉLÈVE DE L'ÉCOLE POLYTECHNIQUE, PROFESSEUR DE DESSIN A L'ÉCOLE ROYALE FORESTIÈRE, A NANCY.

SE VEND A PARIS,
CHEZ LES PRINCIPAUX LIBRAIRES;
A NANCY,
CHEZ L'AUTEUR, COURS-BOURBON, N° 10.

1828.

PRÉFACE.

Nous avons fait connaître, dans la première partie de la *Théorie de la Peinture*, l'utilité de la perspective linéaire, et nous en avons développé les différentes applications; nous admettrons donc que les personnes qui se seront rendu familières les méthodes qui y sont indiquées, peuvent, étant connue la position d'un corps par rapport à elles-mêmes et au tableau, y tracer les contours de celui-ci, c'est-à-dire son enveloppe et sa charpente, avec toute l'exactitude de la géométrie. Telle est la première tâche qu'un peintre doit se proposer; elle constitue la science du dessin.

Or, de même que nous avons cherché à déterminer les contours des corps vus sous tous les aspects possibles, de même aussi un second problême se présente à résoudre, qui consiste à savoir donner sur la toile, à ces corps et à chacune de leurs parties, les teintes variées qui leur conviennent selon leur éloignement du spectateur, la manière dont ils sont éclairés directement par la lumière du soleil et par les reflets des objets qui les environnent. Tel est le but de la perspective aérienne, et c'est de son étude que nous allons nous occuper dans cette seconde partie.

Il existe un préjugé répandu chez beaucoup d'artistes, que la connaissance exacte des tons que les corps présentent dans l'espace, ne peut être soumise à des lois précises. Au nom seul de *perspective aérienne*, on les entend s'écrier, que des règles ne servent qu'à resserrer le génie dans d'étroites limites. Cependant il est facile de combattre cette répugnance, qui n'est fondée sur aucun raisonnement capable de satisfaire les bons esprits.

Je commencerai par faire observer que les grands coloristes ont toujours attaché à leurs ouvrages un caractère d'originalité qui les fait reconnaître à tous les yeux exercés. C'est ainsi que l'impression produite sur l'œil par les tableaux des écoles d'Italie, est différente de celle qu'on éprouve à l'aspect des tableaux flamands. Ceux de chaque maître ont un ton particulier, un genre de perfection qui leur est propre; leurs défauts même aident encore à les distinguer entre tous les autres. Or, s'ils sont presque toujours pour le même auteur empreints des mêmes qualités et des mêmes imperfections, il faut nécessairement en conclure que ces hommes, que l'on voudrait faire passer pour ennemis de tout système, en ont suivi un approprié à leur manière de voir, et que ce système qu'ils ont adopté (peut-être, à la vérité, sans s'en apercevoir), est juste sur plusieurs points et fautif sur quelques-uns. Cette réflexion peut aussi bien s'appliquer à Paul Véronèse et au Titien, qu'à une infinité d'autres hommes célèbres, tels que Claude-le-Lorrain, Salvator, Rubens ou Murillo. Prenons donc note des perfections qui ont reçu l'assentiment des siècles et des défauts qui ont été réprouvés par eux, et nous aurons un certain nombre de faits dignes de fixer notre attention. Cela posé, si nous examinons avec soin dans la nature les jeux variés de la lumière, et si, en méditant sur cette étude, nous trouvons que ceux-ci sont constamment conformes à ce que nous avons remarqué précédemment dans les ouvrages les plus saillans que nous venons de signaler ; si, enfin, ces mêmes faits peuvent s'expliquer par les principes les plus simples de la physique, ils acquerront pour nous un tel degré de certitude, que nous pourrons les considérer comme des axiomes indépendans de toute hypothèse et que personne ne pourra nous contester. Enfin, la combinaison raisonnée de tous ces axiomes entre eux produira nécessairement un corps de doctrine, comme dans tous les autres arts ou dans toutes les autres sciences.

C'est en vain qu'on répétera que les artistes célèbres n'ont pas connu de règles, que souvent même ils ont eu des maîtres ignorans et chez lesquels ils ont reçu nécessairement de mauvais conseils. A cela je répondrai que ce ne sont pas de semblables leçons qui ont développé leur talent ; c'est au contraire malgré elles que ces peintres sont parvenus à se distinguer, et l'on m'accordera sans peine qu'elles ont eu au moins assez d'influence sur eux, pour les égarer quelquefois ou pour les retarder dans leur marche, et qu'une heureuse organisation a pu seule les faire triompher de ces premières et fâcheuses impressions. Or, si, au lieu d'être détourné de la bonne route dès les premiers pas, un peintre, doué de grandes dispositions, et s'appuyant sur des faits puisés dans la nature d'accord avec les ouvrages des meilleurs coloristes, était conduit de conséquence en conséquence à examiner les uns après les autres les phénomènes de la couleur et les diverses manières de les imiter, nécessairement tous les procédés que l'on peut suivre dans le métier de la peinture lui deviendraient familiers, et choisissant alors, parmi ces méthodes, celle qui conviendrait le mieux à sa constitution physique et morale, on le verrait, débarrassé de toute gêne dans la partie technique, s'appliquer à la composition, et y employer toutes les ressources de son esprit. C'est alors que, s'abandonnant avec liberté aux charmes de la poésie de son art, il parviendrait à produire tout l'effet possible sur l'âme du spectateur déjà séduit par une imitation vraie et variée de la nature.

Au surplus, ce que je m'efforce ici de prouver par des raisonnemens, me paraît devoir être senti d'avance par les hommes dont l'instinct n'a pas été faussé par des doctrines absurdes. Eh quoi! nous répétons chaque jour avec les poètes de l'antiquité cet adage si connu, *ut pictura poesis;* Horace et Boileau ont établi pour leurs successeurs des règles fixes basées sur le goût et la raison; les plus grands génies les leur ont fournies dans leurs ouvrages, ou s'y sont conformés après eux : la musique elle-même, cet art le moins positif de tous, cet art tout entier d'imagination, est soumis à des formules analytiques aussi rigoureuses que les lois de la mécanique! et le peintre serait condamné toute sa vie à copier au hasard l'ordre si admirable qui régit la nature, sans autre guide que l'œil, cet organe sujet à tant d'illusions et à tant d'erreurs ! Si la froide raison refuse d'admettre cette opinion, un sentiment intérieur la repousse plus vivement encore.

TRAITÉ
DE PERSPECTIVE
AÉRIENNE.

CHAPITRE PREMIER.

1. La perspective aérienne est l'art de représenter dans un tableau, de manière à produire le plus d'illusion possible, les couleurs diverses des corps placés dans l'espace, en ayant égard à leur distance au spectateur et aux objets qui les entourent.

Or, depuis le quinzième siècle, un grand nombre de peintres célèbres ont résolu ce problème d'une manière satisfaisante dans une foule d'ouvrages, puisque, frappé par la vérité de l'imitation, le public leur a constamment accordé son approbation, depuis le moment où ils ont été soumis à son jugement. Il est donc naturel de considérer leurs tableaux comme une suite d'excellens modèles, de les méditer et de chercher ainsi à expliquer la marche que chacun d'eux a dû suivre pour arriver au but qu'il s'était proposé.

Parmi tous ceux qui passent pour approcher le plus près de la nature, jetons les yeux sur les paysages de Claude-le-Lorrain, et dans plusieurs d'entre eux fixons d'abord notre attention sur les points les plus remarquables. Claude est presque le seul peintre qui ait osé peindre le soleil en face, et dans ce cas le point qui attire par-dessus tout l'attention, est sans contredit le globe du soleil. Examinons-le donc avec soin tel qu'il l'a presque toujours représenté, c'est-à-dire à son lever et à son coucher.

Tantôt ce globe y est peint d'un jaune clair, tantôt d'un jaune plus foncé, d'autre fois d'une couleur orangée. Ces teintes ont été employées par le petit nombre de peintres habiles qui ont copié les mêmes effets, et c'est aussi ce qu'on peut reconnaître d'après nature; mais si l'on veut rendre complète la leçon à cet égard, il restera à démontrer pourquoi, à ces deux époques du jour, ces couleurs s'offrent à nos yeux. Cette explication ne sera pas pour nous le résultat d'une curiosité stérile et méticuleuse, car, sachant la cause d'un phénomène qui de tout temps a frappé tous les peuples du monde, il n'est pas difficile de prévoir que l'on pourra en tirer quelques conséquences utiles à la connaissance des couleurs apparentes des corps voisins, et plus tard de celles que la peinture emploie pour les imiter.

La terre est entourée de vapeurs qui s'élèvent à sa surface; le matin et le soir elles sont plus épaisses que dans tout autre moment, et c'est encore alors que les rayons du soleil ont a parcourir un plus grand espace au milieu d'elles, ainsi qu'on peut le prouver au moyen de la *fig*. 1.

Imaginons que l'on coupe la terre en deux parties égales, et que le cercle ABC nous représente l'intérieur de la terre que l'on apercevrait, si on en ôtait l'une des moitiés. Soit AD l'épaisseur de la couche des vapeurs, et supposons que le point B soit l'endroit de la surface de la terre, où est situé le spectateur. Si BS indique la direction des rayons solaires à midi, ces rayons parcourront dans les vapeurs l'espace BE; mais on sait qu'avant et après midi, ces rayons ont une direction plus inclinée. Ainsi, avant d'avoir cette position BS, ces rayons auront passé par les positions telles que BS',BS'', BS'''. Or, cette dernière suit dans les vapeurs le chemin BF, évidemment plus long que BE.

Après midi ces mêmes rayons s'inclineront de l'autre côté de BS et finiront par occuper la situation BS''', au moment où le soleil passera sous l'horizon, et alors la distance BG sera encore évidemment plus considérable que BE.

II. On voit, ainsi que nous l'avions annoncé, qu'une des différences qui distinguent les rayons du soleil tombant le matin et le soir sur la terre, de ceux qui y arrivent à midi, ou à d'autres momens de la journée, c'est la plus grande distance parcourue par ceux-là, au milieu des vapeurs qui nous entourent. N'est-il donc pas fort simple de soupçonner que c'est à cette distance plus longue et à la plus grande intensité des brouillards au lever et au coucher du soleil, qu'est due la coloration de la lumière qui frappe alors nos yeux?

Lorsque l'on attribue un effet à une cause, la manière la plus directe de vérifier si l'on ne forme pas de fausses conjectures, c'est de chercher à reproduire soi-même cet effet. On pourra facilement le faire dans le cas qui nous occupe, si un matin, où une couche peu élevée de brume sera bien visible à la surface de la terre, on se place sur une hauteur pour regarder le soleil, une demi-heure environ après son lever: son disque paraîtra très-peu coloré; mais si on descend insensiblement de la sommité où l'on était placé, il paraîtra successivement jaune très-clair, jaune, jaune orangé et orangé.

C'est pour cela que souvent, en plein midi, dans les matinées d'automne, le disque du soleil, se montrant à peine à travers les couches épaisses de brouillards, paraît orangé-rouge et même quelquefois rouge de sang.

A de grandes hauteurs, il n'en est pas de même. En Suisse, par exemple, un spectateur, placé sur le sommet d'une montagne et regardant le soleil se lever derrière un autre sommet, l'aperçoit à peine coloré en jaune. De sorte que si, d'un côté la nature gagne de la magnificence par les sites pittoresques qu'elle présente dans ces contrées, d'un autre l'atmosphère y est moins riche d'effets variés que dans la plaine, ou sur les bords de la mer.

III. Pour pousser l'examen jusqu'au bout, il nous reste encore à nous rendre compte de la raison pour laquelle ces vapeurs ont une influence si marquée sur la lumière qui les traverse.

La lumière du soleil à midi nous paraît à peu près sans couleur, c'est-à-dire blanche; on pourrait donc supposer que les rayons qui la composent sont blancs eux-mêmes, et cependant il n'en est pas ainsi : les physiciens ont démontré qu'elle n'est que le résultat du mélange d'un nombre infini de rayons colorés, et dont les effets divers se contrebalancent dans notre œil de telle sorte qu'aucun d'eux n'y prédomine. Parmi tous ces rayons, on remarque les rayons *violets, indigos, bleus, verts, jaunes, orangés et rouges;* il existe, outre cela, une multitude de teintes différentes qui participent plus ou moins de celles que nous venons de désigner.

Il est facile de prouver que toutes ces rayons mêlés ensemble recomposent de la lumière blanche. Newton est parvenu à les séparer les uns des autres, au moyen d'un prisme de verre; mais nous nous contenterons ici de citer avec lui une expérience que chacun est à portée de vérifier. Si l'on prend de l'eau de savon un peu épaissie, qu'on la fasse mousser et qu'on la regarde avec attention, on apercevra toutes les couleurs de l'arc-en-ciel à la surface des bulles dont la mousse est composée; mais si on s'éloigne assez pour ne pouvoir plus distinguer ces couleurs, la mousse n'enverra que de la lumière parfaitement blanche : la même chose arrive encore à l'endroit d'une cascade où l'eau agitée nous paraît tout-à-fait blanche.

IV. Tous les corps sur lesquels tombe la lumière solaire sont loin de la réfléchir de la même manière. Ceux qui, la recevant sans couleur, la renvoient blanche, sont ce qu'on appelle *blancs;* mais si un corps réfléchit la lumière du soleil en l'altérant, c'est-à-dire si, éteignant certains rayons, il en laisse paraître quelques-uns plus que les autres, il est ce qu'il faut entendre par corps *coloré :*

Ainsi un corps *bleu* est un corps qui réfléchit les rayons de la lumière solaire dans une proportion telle que les rayons bleus et leurs voisins l'emportent sur tous les autres; mais il est nécessaire de savoir que cette lumière réfléchie contient aussi un certain nombre de tous les autres rayons.

Un corps *jaune* est un corps qui renvoie de tous les rayons, mais dans une proportion telle que les rayons jaunes et les rayons voisins du jaune y prédominent.

Un corps *rouge* est un corps qui réfléchit plus de rayons rouges et voisins du rouge, que de tous les autres.

Les corps qui absorbent une grande quantité de lumière, mais qui la réfléchissent dans la même proportion que celle qui constitue la lumière blanche, sont ce qu'on appelle des corps *gris.*

Ceux qui n'en réfléchissent qu'une quantité

pour ainsi dire inappréciable, s'appellent *noirs.* D'après cela, du blanc au noir, il y a une multitude de teintes différentes d'un gris plus ou moins foncé.

V. Les corps colorés sont tous moins brillans que les corps blancs : si l'on prend plusieurs carrés de papier, l'un blanc et les autres des diverses couleurs de l'arc-en-ciel, si on les expose dans la campagne et qu'on s'en éloigne successivement à diverses distances, on reconnaîtra que le papier blanc émet plus de lumière que tous les autres, puisqu'on le distinguera encore, lorsqu'on aura déjà cessé d'apercevoir ses voisins. Cela était facile à prévoir; car les corps colorés ne doivent leur couleur qu'à ce qu'ils absorbent certains rayons de la lumière qu'ils reçoivent de préférence aux autres ; donc chaque carré de papier doit réfléchir une somme de lumière moins considérable que le carré blanc, qui les renvoie tous également.

Nous avons déjà vu que les diverses couleurs de la mousse d'eau de savon produisaient de la lumière blanche par leur mélange, mais les physiciens ont cherché à recomposer cette lumière de plusieurs manières : ainsi, en plaçant sur un cercle de carton toutes les couleurs, dans l'ordre dans lequel nous les avons nommées précédemment, et de la manière indiquée sur la *figure* 2; si on imprime à ce cercle un mouvement de rotation autour de son centre, toutes ces couleurs, se remêlant ensemble dans notre œil, produisent une espèce de blanc grisâtre. Ces couleurs grises peuvent aussi être produites par le mélange de poudres colorées : c'est ce que prouve l'expérience qui suit : Newton s'exprime ainsi à cet égard. (Optique, vol. I, page 148.)

« Ayant pris un mélange composé d'or-
» piment, de pourpre, d'azur et de vert-de-
» gris, j'en étendis une couche assez épaisse
» sur le plancher de ma chambre, à un en-
» droit où le soleil donnait au travers d'une
» croisée ouverte. Ensuite je plaçai à côté, mais
» à l'ombre, un morceau de papier blanc, à peu
» près de même étendue. Puis m'éloignant de
» 12 à 18 pieds, distance où je ne pouvais plus
» distinguer les inégalités de la surface de la pou-
» dre, ni les petites ombres qu'elles produisaient,
» cette composition me parut d'un blanc si écla-
» tant, qu'il surpassait celui du papier, surtout
» lorsque la lumière incidente sur le papier était
» interceptée par quelque nuage; car alors il
» paraissait gris, comme la poudre faisait à la

» simple clarté du jour. En augmentant ou dimi-
» nuant la lumière qui illumine la poudre et
» le papier, on peut trouver le point où l'une
» et l'autre paraîtront d'une égale blancheur. Un
» jour que je faisais cette expérience, un de mes
» amis m'étant venu voir, je l'arrêtai à la porte
» de la chambre, et, sans lui dire ce dont il s'a-
» gissait, je lui montrai du doigt les objets éten-
» dus sur le plancher, et lui demandai lequel
» était le plus blanc. Après les avoir examinés
» de sa place, il me répondit qu'ils étaient tous deux
» d'un fort beau blanc, mais qu'il n'en voyait
» pas la différence. Or si on considère que la
» poudre exposée au soleil était composée d'orpi-
» ment, de pourpre, d'azur et de vert-de-gris, on
» conclura avec raison que le mélange des diffé-
» rentes couleurs peut faire un blanc parfait. »

VI. Cela posé, tous les rayons du soleil ne paraissent pas avoir la même force pour traverser les corps. Les rayons violets sont ceux qui s'éteignent le plus facilement, puis les rayons indigos, ensuite les rayons bleus, etc. Supposons donc qu'en traversant une couche de vapeur légère, la lumière solaire perde seulement ses rayons violets et indigos; examinons la teinte qui devra en résulter : il restera

des rayons { rouges, orangés, jaunes, verts, bleus.

Toutes les personnes qui ont quelque habitude de mélanger les couleurs, savent que le bleu mêlé à l'orangé forme du gris; ainsi les rayons bleus mêlés aux orangés formeront cette teinte. D'une autre part les rayons verts mêlés aux rouges feront encore dans notre œil la même impression que du gris : il ne restera donc que du gris et du jaune, c'est-à-dire un jaune pâle. Telle est la couleur du soleil, lorsque les vapeurs du matin sont fort peu épaisses.

Supposons maintenant que les rayons violets, indigos et bleus soient amortis par une brume plus épaisse : il restera

des rayons { rouges, orangés, jaunes, verts.

Les rayons verts mêlés aux rouges formeront une teinte grise pour notre œil. Les orangés et les jaunes formeront un jaune orangé, qui, mêlé au gris dont nous venons de parler, composera du jaune orangé terni. Telle est la seconde teinte que prend la couleur du soleil, lorsque les vapeurs sont plus épaisses.

Enfin, on conçoit que si la résistance opposée aux rayons solaires devenait plus grande, si les rayons verts et jaunes étaient amortis, l'œil ne recevrait plus d'impression que des rayons rouges et orangés, c'est-à-dire qu'on retrouverait alors la teinte qu'on remarque si souvent à l'aurore et au soleil couchant; seulement, le soir, le soleil paraît plus rouge que le matin, à cause de l'élévation où la chaleur du jour a porté les vapeurs.

Il sera bien fait, pour comprendre ce que nous venons de dire, d'exécuter ces divers mélanges avec des poudres colorées ou des couleurs broyées à l'huile dont se servent les peintres. On s'habituera ainsi aux teintes produites par la combinaison des couleurs les unes avec les autres. On reconnaîtra facilement que cette multitude infinie de tons différens se réduit en dernière analyse, à trois grandes nuances bien distinctes, le bleu, le jaune et le rouge. C'est ce qui a fait dire que les peintres de l'antiquité ne connaissaient que ces trois couleurs, et dans le fait elles suffisent pour engendrer par leur combison toutes les autres.

Les vapeurs et les nuages très-légers ne sont pas les seuls corps qui jouissent de la propriété d'altérer les rayons de la lumière transmise.

Si l'on fait l'obscurité dans une chambre en en bouchant toutes les ouvertures; si ensuite, après avoir pratiqué un trou à un volet, on bouche cette ouverture avec une feuille de papier blanc très-mince ainsi exposée aux rayons du soleil, ceux-ci, en traversant cette feuille, donneront une lumière d'un jaune pâle, parce que les rayons violets et indigos auront été fortement atténués. Si on place ensuite une seconde feuille contre la première, un plus grand nombre de rayons seront amortis, et la lumière paraîtra jaune orangé terni. Une troisième ou une quatrième augmenteront la tendance de la lumière transmise vers le rouge, et, en continuant ainsi, on finira par obtenir un très-beau rouge.

L'expérience est absolument la même, lorsque au papier on substitue une étoffe de toile de coton ou de laine. Si l'on veut se donner la peine d'étudier certaines parties des tableaux flamands, on y trouvera appliqué ce que nous venons de dire, toutes les fois que leurs auteurs ont eu à peindre des draperies transparentes, des rideaux de diverses étoffes, ou des voiles de vaisseaux.

Souvent encore, si l'on prend un pétale d'une rose blanche, ce pétale paraîtra presque blanc; mais si l'on regarde le centre de la fleur, on s'apercevra que celui-ci a une teinte rosée très-sensible. Cette teinte est due presque entièrement à ce que la lumière passe à l'orangé en traversant les pétales, car ceux-ci sont à peine colorés.

Il n'est pas nécessaire qu'un corps transparent soit blanc, pour que la lumière transmise tende à tourner au rouge. Que l'on place, au lieu des feuilles de papier, comme tout à l'heure, des agates, des opales ou des verres qui imitent ces dernières, des planches de sapin ou d'un autre bois assez amincies pour devenir transparentes, de la cire jaune, des résines, des gommes sèches ou dissoutes dans de l'eau, de la mélasse, du mucilage de graine de lin, des dissolutions de safran etc.; ces divers corps feront tourner la lumière qui les traversera d'autant plus vers le rouge, qu'ils seront plus épais. On est étonné de la rapidité avec laquelle on obtient une lumière presque rouge, en faisant traverser à un rayon de soleil plusieurs plaques de verre jaune; mais ce phénomène devient plus piquant encore, lorsque l'on opère sur un certain nombre de plaques bleues : à peine passe-t-il encore quelques rayons bleus. La même chose arrive pour l'eau contenant de l'indigo en dissolution.

VII. Nous n'avons encore parlé jusqu'ici que des vapeurs qui entourent la terre ; mais tout le monde sait qu'il y a, outre cela, autour d'elle un air que nous respirons : cet air s'élève en devenant de moins en moins épais jusqu'à une hauteur de vingt lieues environ. Cette atmosphère réfléchit les rayons bleus de préférence à tous les autres, c'est-à-dire qu'elle est bleue par réflexion. Mais il y a tout lieu de croire que ce fluide, de même que la dissolution d'indigo dont il vient d'être fait mention, est rouge par transmission, c'est-à-dire que la lumière transmise au milieu d'elle passe par le jaune clair, le jaune orangé, l'orangé et le rouge. Cette observation coïncide parfaitement avec l'opinion des physiciens qui regardent la lumière du soleil comme légèrement jaune, quoique cependant, à midi et par un temps clair, cette teinte soit peu visible ; c'est qu'alors le chemin parcouru dans l'atmosphère par la lumière solaire est, ainsi que nous l'avons déjà démontré, le plus petit possible ; mais il y a encore, je le pense, une autre raison pour cela, et nous allons chercher à la faire comprendre.

Si, d'un côté, à ce moment de la journée les rayons violets et indigos sont atténués fortement, ainsi que des rayons bleus dans leur passage dans l'air atmosphérique, d'un autre côté l'œil du spectateur est encore frappé en même temps par des rayons bleus réfléchis par les parties du ciel, qui se trouvent dans les directions voisines de celles des rayons solaires ; ces rayons réparent donc en partie la perte que la lumière transmise a faite, et reforment de la lumière à peu près blanche.

La couleur bleue du ciel semble donc avoir été bien choisie pour altérer le moins possible la lumière solaire. Les peintres savent d'ailleurs que le ciel le plus bleu contient toujours une petite quantité de rayons rouges qui fait tourner sa teinte vers le violet.

Beaucoup de personnes, dont la vue fatiguée ne peut supporter une trop vive lumière, ont adopté, depuis quelques années, des lunettes dont les verres d'un bleu clair diminuent l'intensité du soleil, sans pour cela décomposer sensiblement sa lumière.

VIII. La proposition que nous voulions prouver, pour les vapeurs seulement, s'est donc étendue à un grand nombre d'autres corps, de sorte que nous connaissons les teintes que la lumière affecte en traversant diverses épaisseurs de ces corps. Il y a d'autres substances qui semblent privées de cette propriété, quoiqu'elles en jouissent. Nous allons en désigner quelques-unes.

Quand nous avons considéré des verres de lunettes bleus très-clairs, nous avons reconnu, tout à l'heure, que la lumière transmise était fort peu altérée. Mais si, au lieu de regarder le soleil à travers un seul de ces verres, on le regardait à travers plusieurs verres posés l'un derrière l'autre, quelque légère que fût leur teinte, la lumière tournerait d'abord au jaune, puis au rouge, et comme l'œil ne recevrait en compensation qu'un nombre de rayons bleus encore moindre que dans le cas d'un seul verre, il s'ensuivrait que la perte que les rayons de la lumière aurait faite ne serait pas réparée. C'est ce qui explique le changement de couleur de la lumière transmise. La même chose arrive lorsque l'on fait cette expérience sur plusieurs plaques de verres verts. Ces plaques laissent d'une part passer peu de lumière, et cette lumière s'obscurcit jusqu'au noir, sans passer par le jaune et le rouge : cela peut tenir à ce que d'une part, si cette lumière, en traversant les plaques, passe à l'orangé, de l'autre, l'œil recevant de la lumière verte réfléchie par les parties intérieures du verre, est affecté comme s'il était frappé d'une lumière grise, attendu que l'orangé et le vert mêlés ensemble forment du gris.

L'eau de la mer, qui est d'un vert transparent, et mieux encore celle des ruisseaux qui coulent sur un lit siliceux et qui jouissent alors de la plus grande transparence possible, produisent un effet absolument semblable. Une mince nappe de cette eau paraît peu altérer les rayons de la lumière transmise; cependant il est prouvé qu'en plongeant à une profondeur considérable, la lumière qui y pénètre rougit de plus en plus à mesure qu'on y descend davantage. Halley, s'étant enfoncé sous l'eau de la mer à plusieurs brasses de sa surface, s'aperçut que le dessus de ses mains était éclairé par une lumière du plus beau rouge; il est évident que ce rouge était dû à l'altération de la lumière transmise. Il existe cependant des corps qui ne jouissent pas de la propriété d'attaquer de cette manière la lumière qui les traverse; nous pouvons remarquer que dans les étoffes dont nous avons parlé, les fils qui les composent sont eux-mêmes transparens; mais si, à une étoffe de fil ou de coton, nous substituons un tissu de fil de fer, quelque fine qu'en soit la trame, on aura beau en poser plusieurs épaisseurs l'une sur l'autre, on ne parviendra pas à rougir la lumière transmise, et l'obscurité complète ou le noir finiront par être produits. Cela tient à ce que chaque fil de fer, étant plus gros que les particules des différentes substances que nous avons examinées, apporterait une résistance mécanique égale à tous les rayons de la lumière solaire qui les traverseraient, et les détruisant tous dans la même proportion, nécessairement ferait passer cette lumière au noir, sans qu'elle fût autrement altérée. C'est aussi ce qui arriverait si nous mettions en suspension dans de l'eau de la poussière d'une pierre opaque, ou de toute autre substance non transparente: les grains de cette poussière ayant un diamètre beaucoup plus grand que celui des particules d'une substance qui, comme la gomme, par exemple, entre en dissolution parfaite dans l'eau, altérerait également tous les rayons de la lumière qui chercherait à les traverser. Il y aurait donc seulement diminution de lumière ou une teinte grise, si la couche de liqueur n'était pas très-épaisse, et extinction totale ou noire dans le cas où la couche de celle-ci deviendrait plus considérable. C'est à cette raison qu'il faut attribuer le même effet produit par le bleu de Prusse suspendu dans l'eau. Les grains de cette couleur opposent une résistance à tous les rayons de la lumière, font tourner celle-ci au noir, tandis que l'indigo, comme nous le savons déjà, entrant dans l'eau en dissolution parfaite rougit très-sensiblement la lumière qui le traverse.

IX. Les nuages sont composés de vapeurs, qui, ayant réuni ensemble leurs globules d'eau, en ont formé d'autres d'un diamètre plus considérable. Il arrive souvent alors que ces globules étant assez gros pour altérer à la fois les rayons rouges, aussi bien que les rayons violets, il y a simplement diminution de lumière, c'est-à-dire que si la partie du ciel que nous apercevons est entièrement cachée par les nuages, ceux-ci ne nous transmettent qu'une lumière grise d'autant plus foncée, que l'épaisseur des couches de nuages est plus considérable; c'est pour cela que les nuages noirs, annonçant par leur couleur qu'ils sont formés de globules d'un diamètre considérable, doivent être difficilement soutenus dans l'air, et produire de la pluie. Ces teintes conviennent parfaitement aux tableaux qui représentent des orages. On les retrouve peints avec une grande fidélité dans les marines de Joseph Vernet, dans les tableaux de Salvator Rosa, et dans ceux de l'école flamande; Ruisdaël a excellé particulièrement dans la représentation de ces effets de l'atmosphère.

CHAPITRE II.

I. La seule inspection des teintes qu'offre le disque du soleil dans les ouvrages de Claude-le-Lorrain, nous a conduits à reconnaître dans beaucoup de corps une propriété très-remarquable. Nous allons faire voir combien cette propriété peut nous devenir utile par la suite. Pour cela, suivons la même méthode que celle que nous avons commencé à adopter. Continuons l'examen de ces mêmes ouvrages, et portons notre attention sur les parties les plus voisines du disque du soleil.

Supposons, par exemple, que dans un de ces tableaux, des vapeurs légères soient placées çà et là autour du globe du soleil; les parties éclairées de ces vapeurs, c'est-à-dire celles qui sont censées recevoir la lumière directe du soleil et la réfléchir dans notre œil (si le soleil est peint d'une couleur jaune), paraîtront jaune orangé, et les parties de ces mêmes vapeurs, qui ne laisseront voir que de la lumière transmise, y seront indiquées d'une couleur violâtre.

Les tableaux des grands maîtres seront d'accord sur toutes ces teintes ; on pourra les voir dans les tableaux de Vernet, de Karll Dujardin, de Berghem, et dans ceux aussi d'un jeune peintre moderne de marine, dont je croirais blesser la modestie en le nommant ici, mais dont tout Paris a admiré les ouvrages à la dernière exposition. L'examen de la nature nous fera constamment voir les mêmes effets. Qu'on se transporte dans les pays où il est facile d'étudier les vapeurs pendant une grande partie de la matinée, sur les bords des lacs, on leur reconnaîtra ces tons dorés dans la lumière et argentins dans l'ombre dont l'imitation produit un si bon effet en peinture. Il nous reste à démontrer, en nous appuyant sur ce qui précède, que les choses doivent se passer ainsi.

Si nous représentons les vapeurs par plusieurs épaisseurs de mousseline claire posées l'une sur l'autre, je dis que les parties de ces substances, éclairées directement par la lumière du soleil, doivent nous paraître d'un jaune plus orangé que le disque de celui-ci. En effet, une certaine quantité de lumière frappant les fils de la première mousseline sera réfléchie par eux sans altération sensible; mais celle qui passera entre ces fils et viendra tomber sur la seconde, aura déjà jauni légèrement; une partie de cette lumière frappant les fils de la seconde mousseline sera réfléchie et tournera vers un jaune plus foncé, en repassant entre les fils de la première; de sorte que nous recevrons déjà de la lumière semblable à celle du soleil et une moindre quantité de rayons dont la majoritésera composée de rayons jaunes. Quant à la somme de ceux qui, ayant pénétré jusqu'à la seconde mousseline, la traverseront pour aller frapper la troisième et être réfléchis en partie par elle, ils seront encore altérés davantage, et quand quelques-uns d'entre eux seront parvenus jusqu'à notre œil, après avoir retraversé les deux premières épaisseurs d'étoffes, ils produiront sur lui l'effet d'une faible teinte orangée. La très-petite quantité de rayons qui, après avoir pénétré jusqu'à la quatrième épaisseur, aura ensuite repassé entre les autres, sera rougeâtre. Or, ce que nous venons de dire peut s'appliquer aux vapeurs, si l'on imagine celles-ci décomposées en couches minces, posées les unes sur les autres; de sorte que la lumière que leurs parties éclairées nous enverront, sera composée : 1° de lumière semblable à celle du soleil; 2° d'une moindre quantité de rayons jaunes, orangés et rouges, c'est-à-dire d'une teinte plus rougeâtre que celle du soleil.

Lorsque, outre cela, les globules des nuages réfléchissent de la lumière très-bleue, venant de quelque partie de l'atmosphère, on conçoit que l'action simultanée de ces deux sommes de lumière peut recomposer à peu près de la lumière semblable à celle du soleil, et rendre moins sensible l'altération mentionnée tout à l'heure.

Quant aux parties sombres des vapeurs, elles enverront dans notre œil : 1° les reflets bleuâtres du ciel; 2° leurs particules réfléchiront une partie de la lumière qui les aura traversées et qui aura ainsi tourné au rouge : la teinte qui résultera de tout cela sera donc du violet, ainsi que nous l'avons annoncé.

II. Nous venons de faire voir comment la lumière, tombant sur plusieurs mousselines ou toiles claires, était réfléchie d'une couleur plus rougeâtre que celle du soleil; nous allons parler d'une expérience analogue, mais dont les résultats sont plus palpables.

Lorsque l'on regarde la lumière du ciel à

travers une plaque de verre jaune, cette plaque paraît jaune-clair; mais si l'on tourne le dos au côté d'où vient la lumière, elle prend une teinte orangé-obscure.

Ce second effet tient à ce qu'une première partie de cette lumière a été réfléchie d'abord sans altération par la surface supérieure du verre, mais une certaine quantité a pénétré jusqu'à la surface inférieure, a retraversé la plaque et dans ce double trajet a tourné au jaune-orangé. On ne pourra douter de cette explication, si l'on regarde la flamme d'une bougie réfléchie sur cette vitre jaune comme sur un miroir; on distinguera facilement deux images de cette flamme, l'une partant de la surface antérieure et d'une couleur à peu près semblable à celle de la lumière incidente, l'autre réfléchie par la surface postérieure, et d'une teinte plus orangée. Si on place un certain nombre de verres jaunes les uns derrière les autres, on verra autant d'images de la flamme, sans compter la première, qu'il y a de verres et ces images seront d'autant plus rouges qu'elles partiront des plaques les plus éloignées de la première. La même chose aura lieu, si on fait réfléchir par ces plaques toute autre lumière, celle du soleil, par exemple.

On conçoit que si nous avions à considérer des corps très-peu transparens, cet effet serait beaucoup plus difficile à saisir; cependant il a lieu dans une infinité de cas.

Si l'on délaie du vermillon dans un godet, la couche est moins épaisse sur ses bords que dans son milieu; la lumière qui la traverse a donc plus de chemin à faire dans celui-ci qu'aux extrêmités, pour frapper la surface du godet, être réfléchi par elle, et retraverser en partie le vermillon; les extrêmités doivent donc paraître moins rouges que les autres parties; c'est aussi ce qui arrive: elles sont orangé-jaune, tandis que le milieu est un orangé très-rouge.

Le même effet s'observe encore mieux sur le rouge de carthame.

Il est bon de remarquer aussi que les miroirs métalliques eux-mêmes, surtout lorsque leur poli est légèrement altéré, font tourner à l'orangé la lumière incidente. Si l'on regarde dans un télescope l'atmosphère, son objectif, qui est un miroir de cette espèce, lui communique des teintes qui s'approchent de celles du soleil couchant. Les nuages opaques, c'est-à-dire ceux qui sont composés de globules beaucoup plus gros que ceux des vapeurs légères, produisent de la lumière transmise grise. Le blanc qu'ils réfléchissent à midi par un temps clair est le plus parfait possible : en effet, la lumière incidente peut bien pénétrer jusqu'à une certaine profondeur au milieu d'eux, mais elle en ressort sans avoir subi d'autre altération que de perdre de son éclat dans ce double trajet.

III. Nous avions déjà considéré la lumière traversant un grand nombre de corps; tout à l'heure, nous venons de l'examiner tombant sur les corps transparens et opaques; nous allons continuer l'étude de la lumière réfléchie par les corps.

Ainsi, par exemple, cherchons à expliquer les teintes dont le ciel se colore le soir ou le matin, en le supposant entièrement dégagé de nuages. Supposons que le globe du soleil, comme dans plusieurs paysages de Claude, émette une lumière jaune-clair : cette lumière arrivera d'abord sur les parties de l'atmosphère les plus voisines, et comme elle n'aura fait pour cela qu'un trajet fort court, elle aura tourné seulement vers le jaune. Il faut bien nous rappeler ce que nous entendons par lumière *jaune ;* c'est une lumière qui contient tous les rayons colorés, mais dans une proportion telle que les jaunes ou leurs voisins y prédominent. Qu'arrive-t-il lorsqu'une pareille somme de lumière tombe sur un corps qui, comme l'air atmosphérique, réfléchit de préférence les rayons bleus, quoiqu'en même temps il en renvoie de tous les autres? Ce corps, recevant d'abord des rayons bleus, les réfléchira en grande quantité; mais, comme parmi les autres rayons qui viennent le frapper, les jaunes sont les plus nombreux, nécessairement il en réfléchira de ceux-ci plus que de tous les autres. Après les bleus, l'œil recevra donc de cette portion du ciel plus de rayons jaunes que de tous les autres. Ces rayons produiront sur lui l'effet d'une teinte verte. En effet, la nature et les tableaux des maîtres nous offrent cette nuance dans ce cas particulier.

Si nous suivons la lumière traversant une plus grande couche d'air et tournant par conséquent à l'orangé, puis réfléchie par des particules de l'atmosphère plus éloignées du soleil, le même raisonnement que le précédent nous fera voir que nous devons recevoir de ces particules une teinte où l'orangé et le bleu prédomineront; plus loin encore le ciel nous paraîtra orangé-rouge et bleu, et enfin rouge et bleu, c'est-à-dire violet. Tout le monde en effet peut remarquer la teinte sensiblement violette à cet endroit de la voûte céleste.

Si, au lieu d'examiner le phénomène au moment où il est le plus visible, c'est-à-dire lorsque le soleil est très-bas sur l'horizon, on choisissait un instant où celui-ci est plus élevé, il est évident que le même raisonnement pourrait s'appliquer à ce nouvel état de choses, qu'il conduirait aux mêmes conséquences ; et en supposant qu'il s'élevât successivement jusqu'à la position où il se trouve à midi, les teintes qu'affecteraient alors les diverses parties du ciel suivraient encore la même loi, quoique l'on aurait besoin alors d'une grande finesse de coup d'œil pour les découvrir au milieu de l'excès de bleu clair qui les accompagne, et que d'autre part la lumière solaire, faisant le plus court trajet possible dans un air dégagé de nuages, doit très-peu incliner vers le jaune. Ici le raisonnement devient nécessaire pour seconder nos sens et nous faire saisir le passage de la teinte de la couleur du soleil à celle des parties du ciel qui en sont les plus voisines ou les plus éloignées ; on va voir quelles applications nombreuses et fécondes on pourra tirer de son appui.

IV. Il suffit de regarder les corps, pour reconnaître que toutes leurs faces ne réfléchissent pas la même teinte dans l'œil du spectateur ; ainsi la partie éclairée d'un nuage peut être d'un blanc fort éclatant, tandis que la face intérieure de ce même nuage est obscure ; mais quelle est la loi au moyen de laquelle on peut déterminer les teintes qui passent d'une manière insensible de la lumière de ce corps jusques à l'ombre? On conçoit ici la haute importance de cette question ; dans sa solution se trouve renfermée celle du problème général de la perspective aérienne. Or nous en savons assez déjà pour le résoudre sans effort.

Supposons d'abord que nous étudions un corps sans couleur, placé dans l'espace. Soit (*fig.* 3) un mur de marbre blanc poli ABCD, placé devant un spectateur qui le regarde du point O, soit le soleil dans la direction AS, en arrière à gauche du spectateur, il enverra des rayons de lumière dans toutes les directions sur ce mur, qui, par conséquent, en réfléchira aussi dans toutes les directions. Parmi ces derniers, il y en aura un qui passera par l'œil, soit AO ce rayon. Il est évident que le point A, réfléchissant l'image du soleil, sera le plus brillant de tous ceux du mur ; ainsi, un autre point B enverra un rayon OB, qui sera la réflexion d'un rayon EBBE, partant d'un point du ciel, placé derrière le spectateur. Un troisième point C réfléchira un rayon FC, parti d'un point du ciel plus éloigné du soleil que le point E ; enfin un quatrième point D réfléchira un rayon GD, sorti d'une des parties de la voûte céleste, située à une distance beaucoup plus grande encore du soleil. Or nous venons de démontrer tout à l'heure que ces divers rayons étaient d'une lumière jaune et bleue, jaune et jaune-orangé et bleue, rouge et bleue, et que ces teintes étaient plus ou moins chargées de bleu clair, selon que le soleil était plus ou moins élevé au-dessus de l'horizon. Or le mur que nous examinons est blanc; les points A,B,C,D nous paraîtront donc de la couleur des teintes que nous venons d'énoncer. La partie du mur de B en D nous réfléchirait de l'orangé et du bleu, c'est-à-dire une teinte grisâtre.

Si le mur n'était pas de marbre blanc poli, les réflexions des couleurs provenant des parties du ciel placées derrière le spectateur ne seraient plus si vives, mais les teintes conserveraient toujours le même rapport entre elles. Cet effet est beaucoup plus frappant au soleil couchant ou au soleil levant qu'au milieu du jour, et il faut outre cela que l'objet soit élevé à une hauteur qui le mette à peu près à l'abri de la réflexion des corps environnans : ainsi le sommet d'un édifice blanc présente très-bien ces divers effets.

La dégradation que nous venons de reconnaître est encore beaucoup plus rapide pour un corps qui n'est pas terminé du côté du spectateur par une surface plane ; s'il s'agissait, par exemple (*fig.* 4), d'un cylindre blanc ABCD, le spectateur étant placé en O et le soleil dans la direction AS, le point A qui réfléchit en O le rayon SA sera le plus brillant du cylindre ; le point B réfléchira une lumière contenant beaucoup de bleu et de jaune partant du ciel dans la direction EB ; le point C réfléchira de l'orangé et beaucoup du bleu partant du point C dans la direction FC, le point D du rouge et du bleu, c'est-à-dire les mêmes couleurs, mais plus snsibles que dans le cas précédent.

V. S'il s'agit d'un corps coloré, il en sera encore de même. Supposons que le cylindre précédent soit un corps bleu, il recevra aux points A,B,C,D un rayon de soleil dans la direction SA, de la lumière bleue et jaune suivant EB, de la lumière bleue et orangée suivant FC, et enfin de la lumière bleue et orangé-rouge suivant GD ; donc : 1° le point A appartenant à un corps bleu, émettra une somme contenant tous les rayons, dans laquelle les rayons bleus et voisins du bleu l'emporteront sur tous les autres, si nous concevons cette somme divisée en deux parties, la première contenant tous les rayons dans la proportion nécessaire, pour faire du blanc; la deuxième, le reste des autres rayons, dont la majeure partie renfermera des rayons bleus; la lumière émise du point A sera du blanc et du bleu, c'est-à-dire du bleu clair;

2° Le point B recevant du bleu et du jaune, réfléchira plus de ces couleurs que de toutes les autres, mais le bleu y prédominera, c'est-à-dire qu'il réfléchira du jaune et beaucoup de bleu;

3° Le point C réfléchira, par la même raison, beaucoup de bleu et de l'orangé;

4° Le point D réfléchira beaucoup de bleu et de l'orangé rouge.

Un corps jaune ayant la propriété d'après sa définition de réfléchir de tous les rayons, mais plus de rayons jaunes ou voisins du jaune que de tous les autres, si le cylindre était de cette couleur, le point A recevant directement la lumière du soleil, réfléchirait de tous les rayons, mais plus de rayons jaunes qu'il n'est nécessaire pour faire du blanc. Concevons donc cette somme divisée en deux parties : 1° une quantité de tous les rayons nécessaires pour faire du blanc ; 2° l'excès des rayons jaunes ou voisins du jaune ; le point A nous enverrait du jaune et du blanc.

Le point B recevrait de la lumière tirant vers le jaune et le bleu : il renverrait donc en majorité des rayons bleus et des rayons jaunes.

Le point C recevrait une lumière dans laquelle les rayons orangés et bleus l'emporteraient sur tous, mais qui contiendrait outre cela tous les autres rayons ; il réfléchirait donc en majorité des rayons orangés et des rayons bleus : le point D émettrait principalement de l'orangé rouge et du bleu.

Imaginons que le cylindre soit un corps rouge, le point A enverra du rouge et du blanc, le point B enverra du rouge, du jaune et du bleu, le point C enverra du rouge, de l'orangé et du bleu, le point D enverra du rouge, de l'orangé rouge et du bleu.

Il est nécessaire ici de faire observer qu'outre les teintes que nous venons d'énoncer, il faut encore faire entrer en ligne de compte les couleurs reflétées par les corps voisins ; en effet, si l'on regarde avec attention le sommet d'une tour fort élevée, on s'apercevra facilement que les tons de l'ombre sont plus bleuâtres à son sommet, que dans les parties inférieures; de même, si un nuage passe très-près d'une montagne éclairée, il réfléchira beaucoup de la couleur de cette montagne, tandis que ses voisins paraîtront d'un ton gris-violet.

Nous avons supposé que le corps éclairé était un corps opaque; s'il était transparent et de nature à faire tourner vers le rouge la lumière transmise, il faudrait avoir égard à cette circonstance: ainsi, par exemple, s'il s'agissait d'une étoffe blanche transparente, la lumière qui la traverserait et qui arriverait dans les plis serait déjà jaune ou rougeâtre : ce serait donc une nuance à joindre à celles que nous avons indiquées.

Il pourrait arriver que le corps ne fût pas frappé directement par les rayons solaires : dans ce cas on regarderait quel est le point le plus lumineux de ce corps. Ce point contiendrait déjà des reflets bleus, et les autres parties passeraient ensuite par la série des autres teintes que nous avons déjà énoncées.

Les reflets de l'atmosphère sont beaucoup moins sensibles dans un intérieur qu'en plein air; cependant on ne peut empêcher une grande quantité de rayons bleus d'y pénétrer : on peut s'en convaincre, lors même que le soleil n'y arrive que par une ouverture très-étroite ; une partie des objets extérieurs vient se peindre dans une position renversée sur la muraille opposée à cette ouverture : parmi ces objets on remarque une portion du ciel.

Nous avons dit qu'il fallait avoir égard aux reflets des corps placés à la surface de la terre : à ce sujet nous observerons que ces reflets doivent en général incliner vers le jaune et le rouge, attendu qu'il y a plus de ces deux teintes répandu sur les objets terrestres que de bleu, si ce n'est peut-être dans la végétation. Cette remarque est surtout vraie dans les intérieurs.

Il y a encore une autre raison pour laquelle les parties sombres des corps et qui ne reçoivent que de la lumière de reflets, doivent paraître rougeâtres : c'est que la quantité de lumière émise par elle devient assez faible pour que l'œil n'aperçoive plus, parmi les rayons qu'elle envoie, que les rayons rouges qui paraissent frapper la rétine plus vivement que les autres.

Ce qui vient à l'appui de cette idée, c'est que si l'on regarde pendant un certain temps une page d'impression éclairée par le soleil, l'œil fatigué par le blanc du papier ne tient plus compte que des rayons rouges, qui partent des caractères noirs imprimés : de même encore, si l'on regarde le soleil en face, bientôt tous les corps ne semblent plus réfléchir que des rayons rouges.

VI. Nous n'avons pas jusqu'ici tenu compte de la distance plus ou moins grande dont nous pouvons être éloignés du corps que nous regardons ; or, s'il y a entre ce corps et nous une couche d'air considérable interposée, la lumière qu'il émettra vers nous devra, pour percer cette couche d'air, tourner plus ou moins au rouge ; de plus, les molécules d'air interposées, réfléchissant une couleur bleuâtre qui tourne au violet, à mesure que ces molécules sont plus éloignées et que leur lumière a plus de chemin à faire dans l'atmosphère pour arriver jusqu'à nous, le corps devra nous paraître non-seulement de la couleur qui lui est propre, mais de plus d'un ton bleu-violet. Telle est la raison pour laquelle les lointains perdent presque toute leur couleur naturelle pour prendre celle de l'air interposé, c'est-à-dire un ton bleu-violet.

Si ces lointains sont des montagnes très-élevées, le bleu prédominera ; s'ils sont les extrêmités d'une plaine, leur teinte sera plus rougeâtre.

Un corps jaune éloigné aura sa couleur très-altérée ; un corps rouge deviendra violet-rouge ; un corps bleu tournera seulement au bleu violet.

Les corps jaunes seront donc ceux qui changeront le plus, à mesure qu'ils s'éloigneront du spectateur.

VII. Ainsi, somme totale, pour reconnaître tous les tons qu'un corps quelconque nous envoie, il faut avoir égard,

1° A la lumière transmise à travers ce corps ;

2° A la lumière directe du soleil réfléchie par ce corps ;

3° Au reflet bleuâtre de l'atmosphère ;

4° Au reflet des corps voisins ;

5° A la distance du corps au spectateur.

Nous terminerons cet article en observant que les corps qui sont opaques doivent nécessairement émettre plus de lumière que ceux de même couleur qui sont transparens ; ainsi un rocher calcaire grisâtre s'apercevra de plus loin qu'une agate de la même teinte.

VIII. Si un mur ABCD (*fig.* 5) porte une ombre

sur un plan de même couleur que lui, sur un pavé, par exemple, l'ombre portée ADE, n'étant éclairée que par les reflets bleus du ciel, toutes choses égales d'ailleurs, paraîtra plus foncée que la partie ombrée DEFC du bâtiment.

Si le mur ABCD portait ombre sur un autre mur CDEF, la partie ombrée CDEF serait plus obscure que ABCD; en effet, la partie CDEF ne recevrait de reflets que du ciel: mais comme elle serait proche de la portion EFGH éclairée du mur CDFH, il s'ensuit qu'elle en recevrait des reflets qui la rendraient plus lumineuse que CEFD.

Cela pourrait provenir de ce que EFGHC n'est pas une surface très-polie; elle contient à sa surface des petits grains de pierre ronds, et la convexité de chacun d'eux offre un point qui réfléchit de la lumière solaire sur ABCD. L'expérience prouve ce que nous avançons, dans le cas où le soleil tombe directement sur CDGH.

CHAPITRE III.

1. Pour prouver l'utilité de la loi que nous avons reconnue, nous allons l'appliquer à l'examen des corps les plus remarquables répandus dans la nature; commençons par les corps inanimés, et parmi ceux-ci choisissons d'abord les corps opaques.

Si l'on jette les yeux sur un champ nouvellement labouré et couvert de mottes de terre éclairées par les rayons du soleil; si, de plus, cette terre est d'une couleur rougeâtre, ses parties lumineuses contiendront du blanc et de la couleur propre du corps; mais les faces de ces morceaux de terre, qui seront frappés par les reflets du ciel, réfléchiront de leur couleur propre tirant sur le rouge, mêlée des teintes formées

de bleu et de { jaune clair. / jaune. / orangé. / rouge. }

A tout cela viendront se joindre encore les reflets des corps voisins.

Il en sera de même d'un chemin rempli d'ornières et de pierres, ou de ces amas de cailloux que l'on rencontre sur les bords de la mer. Chaque objet en détail y présentera l'ensemble des teintes que nous avons reconnues devoir être émises par les diverses faces d'un corps quelconque.

II. Lorsque le peintre, encore novice, se trouve tout à coup transporté au milieu de la campagne, et qu'il n'est pas prévenu de toutes les difficultés qu'il aura à surmonter, la multiplicité des objets qui frappent ses regards, et les détails de chacun d'eux fatiguent bientôt son attention; son œil manquant alors de l'habitude nécessaire pour distinguer toutes les nuances qui d'ailleurs sont fondues les unes dans les autres, bientôt son embarras devient extrême, et souvent alors il prend la fâcheuse habitude de copier à peu près la nature qui est devant ses yeux : aussi voit-on souvent, dans des paysages peints par des artistes déjà très-habiles, des premiers plans représentant des terrasses que le public trouve avec raison *lourdes de ton*, parce que les divers reflets qui les frappent n'y sont pas sentis d'une manière satisfaisante.

En général, les peintres de décoration y ont égard; et comme ils opèrent sur de très-grandes dimensions, l'illusion qui en résulte en devient pour ainsi dire complète. C'est ainsi que plusieurs toiles de fond à l'opéra ont justement excité l'approbation des connaisseurs dans ces dernières années.

III. Les montagnes couvertes de neige sont les corps qui offrent les tons précédens de la manière la plus marquée : d'abord, parce que ces neiges sont d'un blanc parfait, ensuite parce qu'elles se trouvent situées à des hauteurs assez considérables pour rendre à peu près nuls les reflets des corps placés à la surface de la terre.

Ce sera une chose utile que de reconnaître l'application de la théorie, dans les marines de Claude ou de Vernet, et jusque dans les derniers détails de la construction des vaisseaux; tel cordage exécuté avec une grande finesse de pinceau y présente souvent cependant, lorsqu'on veut y regarder de près, la série des teintes ci-dessus détaillées.

IV. Dans les intérieurs, il y a des objets

qui reçoivent la lumière directe du soleil et d'autres qui en sont privées : un œil exercé saisira rapidement combien celles-ci sont plus bleuâtres que les premières. Les Flamands sont parvenus à la perfection de l'imitation dans ce genre et les peintres modernes de l'École française y ont aussi obtenu de grands succès. Que l'élève déjà instruit de ce qu'il doit y trouver, les étudie ; ils seront pour lui des leçons exactes de perspective aérienne.

Quant aux objets qui, placés dans ces intérieurs, sont abrités beaucoup plus que les autres des reflets du ciel, tels que les plafonds, les dessous de corniche, les creux pratiqués dans les chapiteaux, les charpentes, etc., on remarquera dans ces ouvrages qu'ils y sont peints d'une teinte rougeâtre, comme ne recevant pas d'autre lumière que celle des reflets.

Dans les marches d'un escalier, on verra généralement la face supérieure d'une teinte contenant moins d'orangé rouge, que la face verticale.

V. Si l'on examine avec soin les métaux, les meubles qui en sont ornés, les cadres dorés, les bijoux, au moyen de ce que nous savons, les tons variés qu'ils présentent s'expliqueront sans peine. Ainsi, les cadres dorés réfléchissent 1° de la lumière directe, mêlée à leur couleur propre, c'est-à-dire du jaune et du blanc; 2° une teinte verdâtre dans les demi-teintes, composée de la couleur propre de l'or et des reflets bleus-jaunes de l'atmosphère; 3° des tons rouges-bruns, résultats de la couleur de ces corps mêlée aux reflets bleus-rouges du ciel.

VI. Passons maintenant aux corps transparens inanimés.

S'il s'agit d'étoffes transparentes, leurs parties éclairées directement contiendront du blanc et de leur couleur propre. Leurs demi-teintes et leurs ombres suivront la loi commune; quant à la partie de la lumière qui les traversera, elle tournera au rouge : ainsi l'intérieur des plis formés par ces étoffes devra incliner au rouge pour deux raisons : 1° à cause de la lumière qui pénètrera dans l'intérieur des plis après son passage à travers le tissu; 2° parce que ces parties renfoncées ne reçoivent en outre que de la lumière de reflet.

C'est ce qu'on remarque très-facilement dans

les rideaux de diverses couleurs. L'intérieur de leurs plis est violet pour les rideaux bleus, orangé légèrement bleu pour les jaunes et rouge à peine terni par quelques rayons bleus pour les rouges.

Si ces étoffes n'étaient éclairées que par transmission, comme dans le cas d'un rideau qui boucherait exactement l'ouverture de la fenêtre unique d'une chambre, cette lumière transmise subirait, selon qu'elle aurait éprouvé plus de résistance à travers les plis, les mêmes altérations que si l'on plaçait une ou plusieurs étoffes de la même couleur devant une ouverture pratiquée au volet de la chambre.

VII. Nous avons déjà assez parlé de l'atmosphère pour connaître les teintes qu'elle présente, nous nous contenterons de les récapituler ici pour deux cas seulement:

1° Si le soleil est bas sur l'horizon et que celui-ci soit chargé de vapeurs.

Le soleil étant outre cela supposé orangé, les parties basses de l'atmosphère seront de plus en plus rougeâtres (tant l'air atmosphérique que les nuages), à mesure qu'elles s'éloignent du foyer de lumière.

Les parties placées au-dessus des vapeurs seront orangé-bleu, et celles qui seront les plus élevées seront rouge-bleu.

2° A midi le soleil étant blanc, les parties de l'atmosphère voisines de son disque seront d'une teinte claire, formée de jaune et de bleu; les suivantes, moins éloignées, seront orangé-bleu, puis orangé-rouge et bleu, puis rouge-bleu.

VIII. Lorsque l'eau est tranquille et transparente, on peut apercevoir le terrain sur lequel elle repose. Les ruisseaux des Vosges, qui coulent presque tous sur des terrains siliceux, jouissent d'une grande transparence. Il n'est pas rare qu'on puisse distinguer la forme des roches couchées dans leur lit, à une distance de vingt ou trente pieds de la surface; mais aussi il faut convenir que ces eaux sont les plus limpides possible; celles des lacs ou des hautes montagnes de la Suisse sont loin de posséder cette propriété à un aussi haut degré.

Malgré cette transparence, l'eau cependant a une couleur propre verte semblable à celle du verre blanc. Cette couleur devient plus sensible à mesure que le lit devient plus profond; elle est d'un vert foncé, parce que la somme de lumière qui, pénétrant à travers le liquide jusqu'au fond, a été réfléchie par celui-ci, a nécessairement perdu beaucoup de ses rayons, et s'est obscurcie.

Outre cette teinte, l'eau paisible et unie comme un miroir répète les objets placés sur ses bords ou au-delà, de telle sorte que leur image peut se réfléchir dans notre œil. Dans la perspective linéaire nous avons reconnu comment il fallait que ces corps fussent placés pour cela, et que, de plus, leur image paraissait renversée dans l'eau. Ces images sont seulement plus obscures que les objets eux-mêmes, et d'une teinte un peu plus rougeâtre.

Si l'eau n'est pas d'une transparence parfaite, comme celle qui provient de la fonte des neiges ou celle qui coule sur des pierres calcaires, sa teinte devient laiteuse et moins foncée, parce que la lumière incidente est réfléchie presque entièrement à la première surface, et ne pénètre pas dans l'intérieur. Telles sont les eaux de la Seine et des ruisseaux des environs de Paris. De pareilles eaux altèrent vivement les teintes des corps qui s'y repeignent.

IX. L'eau agitée présente d'autres circonstances dans le détail desquelles il est nécessaire d'entrer. Supposons que le vent ou toute autre cause communique à l'eau de la mer un mouvement qui produise à sa surface des éminences que l'on appelle vagues, et qui ont à peu près la forme ABC, représentée par la *figure* 6.

La partie EBF qui retombe est convexe; la partie AG est concave, et la partie D forme un creux.

Au milieu de l'enfoncement D viendront se repeindre les objets placés dans la partie de l'horizon qu'embrasse le spectateur, dans la direction K environ.

Le sommet IBF de la convexité de la vague réfléchira à peu près aussi la même teinte. Maintenant la ligne EF, sur la convexité de la vague, réfléchira les parties élevées de l'atmosphère, placées derrière le spectateur, et il en sera de même de la partie AG de la concavité. De plus, la vague est agitée à sa surface : il y aura donc à tenir compte des reflets que ces parties doivent envoyer. Cette agitation augmente graduellement jusqu'au point H, où elle est complète et où il se reforme de la lumière blanche.

Enfin il faut remarquer que la lumière, passant à travers cette vague, y prend une teinte transparente vert-jaune dans sa partie supérieure, que cette teinte se mêle aux reflets dont nous venons de parler, dans les filets d'eau en mouvement, et dont est formée la vague, et produit ainsi du gris-verdâtre.

Les mêmes faits se représentent dans le cas où l'eau tombe (*fig.* 7) d'une certaine hauteur, et forme une cascade. Le point A est jaune-vert, le point C gris-verdâtre, et le point B blanc.

Si la mer est très-agitée par le vent, la partie retombante IBFHE est enlevée quelquefois à une grande hauteur, et souvent tournée plusieurs fois sur elle-même et enfin déchirée et tombant alors en gouttes dont l'ensemble forme du blanc peu épais. (*Fig.* 8.)

Si au contraire l'eau n'est battue que par une brise légère, la vague ne retombe pas en partie sur elle-même; elle prend seulement alors une forme telle que ABC (*fig.* 9), D étant un enfoncement. Dans ce cas, il y faudra tenir compte des mêmes teintes que pour la *figure* 4 sauf ceux de la partie TBFHE qui retombent.

X. Ayant bien compris tout ce qui doit entrer dans la composition d'une vague, examinons ce qui arrive lorsque plusieurs vagues sont les unes à côté des autres.

Les parties creuses de l'espace qui sépare les vagues réfléchiront une partie des objets qui sont en vue. Si le soleil est placé de manière à les repeindre pour nous, ces diverses images formeront une ligne lumineuse AB (*fig.* 9) : du reste tout se passera comme nous l'avons déjà indiqué dans le cas précédent.

XI. Au moyen de ces observations, il nous sera facile d'expliquer ce qui se passe lorsque la surface de la mer ou d'un lac n'est frappée par l'air en mouvement que dans certains endroits. Ces bouffées de vent y établissent des bandes agitées qui sont d'une couleur différente de celle des parties qui sont en repos ; en effet, nous venons de le remarquer il n'y a qu'un instant, l'ensemble des vagues qui se forment en ce moment, réfléchit une partie des objets placés devant et derrière le spectateur. Comme en mer, c'est ordinairement l'atmosphère qui se trouve ainsi répétée et qu'elle n'est que fort rarement de la même teinte dans toutes ses parties, il s'ensuit que les bandes d'eau tranquille seront d'une couleur, et celles qui sont couvertes de vagues affecteront une autre teinte. Ainsi, lorsque la mer à l'horizon est en repos parfait, on a souvent de la peine à distinguer la ligne qui la sépare du ciel; mais que le vent s'élève tout à coup, les vagues répétant alors les parties très-élevées du ciel et qui se trouvent placées derrière le spectateur, il se forme aussitôt une bande d'eau d'une couleur différente : presque toujours cette teinte est d'un bleu violet.

Lorsque la mer est agitée sur toute sa surface, elle offre alors cette teinte bleue qui, dans certaines marines de Joseph Vernet, paraît exagérée à ceux qui n'ont pas vu d'après nature ces effets et cependant représentés avec tant de vérité dans les tableaux de ce maître.

Il en est de même pour une surface d'eau quelconque agitée.

XII. Le verre se trouve absolument dans le même cas que l'eau. Un vase de verre blanc verdit légèrement la lumière transmise, de plus les reflets du soleil, de l'atmosphère ou des corps voisins, viennent s'y peindre; s'il s'agit d'une bouteille d'une couleur vert-foncé, la teinte de ce verre doit être jointe aussi à tous les reflets. Il en est de même pour les verres demi-transparens qui représentent l'opale, pour les verres de couleurs imitant les pierreries, ou pour les pierreries elles-mêmes.

Si, par exemple, c'est un rubis qu'on a devant les yeux, on remarquera, 1° la lumière transmise rouge; 2° le point le plus brillant que reflètera le soleil; 3° les points violets qui recevront les reflets bleus du ciel ou ceux des corps voisins.

Dans les pierres taillées à facettes, il y a de plus à joindre aux tons que nous venons de nommer, les tons de l'arc-en-ciel, provenant de la décomposition de la lumière par les corps.

XIII. Après avoir passé en revue les corps inorganiques, procédons à l'examen des corps animés. Commençons par les végétaux.

Les troncs des arbres et leurs branches sont recouverts d'une écorce qui n'est pas tout-à-fait dépourvue de transparence; elle-même est souvent recouverte, ou d'une mousse blanche ou verte, ou d'une pellicule légère, quelquefois de toutes les deux. Les crevasses qui s'établissent dans l'écorce sont rougeâtres et obscures. La pellicule transparente qui la recouvre laisse percer la couleur propre de chaque écorce.

Quant aux feuilles des arbres, elles rentrent dans le cas de tous les corps transparens.

On examinera d'abord quelle est la lumière transmise à travers les feuilles : elle est ordinairement d'un vert jaune ; et pour les arbres verts, elle est d'un ton plus foncé, si ce n'est aux extrêmités ou dans les nouvelles pousses de l'année dont la couleur propre est plus jaune que celle du reste de l'arbre.

On cherchera après cela quelles sont les feuilles qui réfléchissent les rayons du soleil et qui paraîtront d'un vert clair, et en troisième lieu quelles sont celles d'un vert gris-bleu qui reflètent les tons bleuâtres de l'atmosphère, ou ceux des corps environnans ; ordinairement les dessous participent un peu du ton du terrain.

Lorsque les branches sont nombreuses, elles reflètent au milieu des arbres une teinte généralement rougeâtre ; dans les arbres verts, la multiplicité des petites branches dont la couleur tire sur le violet, rend cette teinte très-sensible.

En ayant égard à l'application de la règle générale, dans les circonstances dont nous venons de parler, on évitera ces teintes vertes si prononcées que beaucoup de peintres croient voir à la végétation ; on évitera les tons trop jaunes que les uns emploient pour jeter, disent-ils, du soleil dans leurs tableaux, ou ces couleurs rompues, auxquelles d'autres ont recours pour éviter la crudité. On ne craindra donc pas de faire des arbres d'un beau vert qui indique toujours une végétation fraîche et vigoureuse ; mais comme ils seront reliés aux corps qui les environnent par des teintes communes, l'harmonie s'établira sans effort, et le public, sans savoir pourquoi, reconnaîtra la vérité de l'imitation. C'est dans les paysages de Claude, que la végétation présente, avec une exactitude parfaite, à ceux qui veulent étudier en conscience leur art, les divers tons sur lesquels nous venons d'appeler l'attention de notre lecteur.

Il est inutile d'ajouter à tout cela, que si l'arbre est éloigné, il faut avoir égard à la couleur violâtre de l'air interposé.

Il y a une circonstance particulière dont il est très-utile d'être prévenu. Pour peu que le vent agite la sommité des arbres, il retourne leurs feuilles et présente au spectateur leurs faces inférieures, qui sont d'un vert beaucoup plus gris que les supérieures. Cette teinte contribue beaucoup alors à rompre la teinte verte de ces arbres. Cet effet est très-fréquent et très-facile à remarquer dans les peupliers d'Italie ou de Hollande, les trembles, etc., enfin, comme simplification de la règle générale, nous présenterons un cas où le nombre des teintes à observer se réduit beaucoup : c'est celui où le spectateur est placé sous une voûte de verdure très-épaisse, qui ne permet qu'à la lumière transmise vert-jaune de passer; alors les reflets du soleil et du ciel sont nuls; il n'y a plus à considérer que ceux des troncs d'arbres et du terrain dans lequel ils croissent.

XIV. Les plantes qui s'élèvent à peine au-dessus de la surface de la terre, aussi bien que les plus grands arbres, sont soumises à la loi générale; ainsi une touffe d'herbe offre à l'œil :

1° La lumière transmise *rougeâtre* dans le fond, *verte* dans les brins, et *jaune-verdâtre* sur leurs extrémités;

2° La lumière du soleil réfléchie : *vert-clair*;

3° La lumière du ciel réfléchie : *vert-gris-clair*;

4° Les reflets terrestres : *rougeâtres*.

Dans la mousse qui recouvre les troncs d'arbres

ou les rochers, on tiendra compte de la lumière rougeâtre qui sort de sa racine, des parties qui reflètent le soleil, et de celles qui reflètent les tons bleus du ciel.

Un champ couvert de blé présente :

1° La lumière transmise : *jaune-orangé ;*

2° La lumière du soleil réfléchie : *jaune-clair ;*

3° La lumière du ciel réfléchie : *gris-jaune-clair.*

Les peintres de fleurs les plus estimés présentent dans leurs ouvrages, pour une fleur bleue :

1° Lumière transmise : *violâtre ;*

2° Points renvoyant les reflets du soleil : *bleu-clair ;*

3° Points renvoyant les reflets du ciel : *bleu.*

Pour une fleur rouge :

1° Lumière transmise : *rouge ;*

2° Points renvoyant les reflets du soleil : *rouge-clair ;*

3° Points renvoyant les reflets du ciel : *violet.*

Pour une fleur jaune :

1° Lumière transmise : *orangée ;*

2° Points renvoyant les reflets du soleil : *jaune-clair ;*

3° Points renvoyant les reflets du ciel : *vert.*

Ce serait abuser de l'attention du lecteur que de répéter pour chaque corps ce que nous avons déjà dit pour un grand nombre. Ainsi nous nous contenterons, en parlant des animaux, de faire remarquer que beaucoup d'entre eux, étant recouverts de poils ou de laine, c'est-à-dire d'une enveloppe qui jouit de la propriété de rougir la lumière transmise, rentrent dans la catégorie générale des corps demi-transparens. De plus, si cette enveloppe est luisante comme chez les chevaux, les vaches, etc., les reflets du soleil et du ciel y sont indiqués d'une manière très-positive.

Paul Potter, Guip, Berghem, Karll Dujardin, etc., nous ont laissé d'admirables modèles en ce genre : c'est à eux que nous renverrons, et nous passerons immédiatement à l'étude de la figure humaine.

XV. La peau de l'homme est d'une couleur jaune-rougeâtre ; mais cette couleur varie selon que son épaisseur varie aussi. En effet, cette épaisseur laisse apercevoir, plus ou moins, la teinte rougeâtre de la chair et des muscles placés sous la peau; c'est surtout aux extrêmités que l'on peut reconnaître ce que nous venons de dire. La lumière, y traversant la peau et le tissu qu'elle recouvre, y prend une couleur rouge. C'est ce qu'on peut voir au bout du nez, du menton, des doigts, aux oreilles, etc.

Au surplus, comme il serait trop long et fort inutile de détailler ici toutes les parties du corps les unes après les autres, nous allons examiner seulement la tête de l'homme; tout ce que nous dirons à cet égard pouvant être répété pour presque toutes les autres parties d'une figure.

Commençons par les cheveux; je les suppose d'abord noirs: cette espèce de chevelure est ordinairement fort luisante; ainsi d'un côté chaque boucle réfléchira avec énergie les rayons divers du soleil, et de l'autre, ceux du ciel et des corps environnans. Mais cela n'aura lieu que sur des points ou des lignes brillantes, si la lumière du soleil n'y tombe pas, et c'est le cas le plus ordinaire. Les parties lumineuses de ces boucles seront donc bleuâtres; cette teinte n'a pas échappé à l'esprit observateur d'Homère; il cite souvent les *boucles d'azur* de ses héros.

Avant de parler de ces reflets, nous aurions dû, en suivant la marche que nous avons adoptée, parler d'abord de la couleur de la lumière transmise à travers chaque boucle; or, comme les cheveux sont transparens, la lumière tourne à l'orangé en passant au milieu d'eux; ainsi la teinte de dessus ces boucles est rougeâtre dans les ombres, orangée dans les parties moins sombres, et jaunâtre dans les plus claires; il en est absolument de même pour les sourcils.

Si les cheveux ou les sourcils sont blonds, leur transparence augmente, la lumière transmise sera seulement orangée et plus claire que tout à l'heure; les reflets du soleil se mêlant à leur couleur jaune seront plus dorés, tandis que les reflets bleuâtres du ciel, mêlés à la teinte propre de ces corps produiront des teintes verdâtres. Enfin les reflets des boucles les unes sur les autres fourniront des teintes tirant vers l'orangé.

Dans les yeux nous considérerons d'abord la partie sombre placée sous le sourcil; là il y aura de la lumière transmise à travers la peau et de la lumière de reflet; double cause qui doit donner une teinte orangée-grise.

A travers les cils et la paupière supérieure passera une lumière faible colorée en rouge qui produira une ombre de cette teinte sur le globe de l'œil. Le blanc de l'œil est un corps brillant sur lequel se feront sentir les reflets du soleil, de l'atmosphère et des parties voisines; les coins de l'œil ne contiendront qu'une lumière transmise rougeâtre. Quant à la prunelle, avec un peu d'attention on y remarquera les reflets ordinaires; celui de la paupière inférieure ne doit pas être omis, et le point brillant reflétant le soleil s'y fera remarquer, s'il n'est pas déjà sur le blanc de l'œil.

Le nez présentera sur sa colonne, du côté de l'ombre, de la lumière transmise rougeâtre et les autres reflets à son extrêmité; dans les narines, la lumière transmise rouge prédominera. Quant à la bouche, nous y distinguerons la lèvre supérieure, la séparation des deux lèvres, et la lèvre inférieure; elles sont recouvertes d'une pellicule très-transparente. La lèvre supérieure présentera de la lumière transmise rouge, plus les reflets du ciel, c'est-à-dire une teinte violette; si la bouche est un peu entrouverte, la lumière qui y pénétrera sera rougeâtre.

Quant à la lèvre inférieure, elle est d'une couleur plus rouge, parce qu'elle réfléchit plus la lumière directe.

Enfin les joues offriront dans les demi-teintes la couleur propre jaune-rouge de la peau mêlée aux reflets du ciel, ce qui produira des demi-teintes verdâtres, bleuâtres, qu'on ne peut expliquer sans cela. De plus, la couleur propre d'une partie des joues est le rouge clair.

C'est ainsi qu'on peut expliquer les cas les plus difficiles, sans peine et sans efforts. Nous laissons à la sagacité du lecteur le soin de terminer lui-même cet examen, et nous nous réservons de renforcer bientôt notre opinion par l'exemple des grands coloristes, lorsque nous en serons à examiner la marche particulière que chacun d'eux a adoptée dans sa manière de peindre.

CHAPITRE IV.

I. Après les considérations générales que nous avons exposées précédemment, il nous reste encore à faire mention de certains effets saillans, sur lesquels il ne sera pas inutile de nous appesantir un instant.

M. de Buffon présenta en 1754 à l'Académie des Sciences un mémoire sur un effet de soleil, qui avait vivement attiré son attention. Se rendant tous les soirs dans une loge de jardin, il y avait remarqué que, lorsque le soleil commençait à baisser vers l'horizon, l'ombre portée par un trillage sur un mur blanc voisin devenait d'autant plus violette, que la lumière directe du soleil se colorait davantage en jaune et en orangé. Nous allons faire comprendre ce qui se passait alors : la partie du mur éclairée par les rayons du soleil couchant recevait une lumière qui, à la vérité, contenait de tous les rayons, mais dans laquelle prédominaient les rayons jaunes; la partie ombrée, au contraire, recevant les reflets de la voûte céleste, qui, à ce moment est violette, ne pouvait réfléchir qu'une lumière riche en rouge et en bleu, mais pauvre en jaune. Alors l'œil, comme blasé par la grande quantité de rayons jaunes qu'il recevait de la partie lumineuse, ne pouvait plus sentir d'impression de la part du petit nombre de ces mêmes rayons que lui envoyaient les ombres portées : celles-ci lui paraissaient donc violettes.

Au surplus, l'on peut imiter cet effet avec une grande exactitude, au moyen d'un verre jaune, à travers lequel on fait passer un rayon de soleil ; on reçoit la lumière jaune qui le traverse, sur un carton blanc, et on projette au milieu d'elle une ombre, au moyen d'un corps opaque. Cette ombre portée est d'un bleu violet ; par conséquent le phénomène est le même absolument que tout à l'heure, avec cette différence que si l'expérience a lieu au milieu de la journée, l'ombre ne reçoit que du bleu, mais paraît cependant encore violette. Cela tient à ce que l'œil n'aperçoit plus dans la partie ombrée les rayons jaunes ; il ne reste donc plus pour lui que l'impression des rayons verts et orangés, qui forment du gris, et des rouges et des bleus qui forment du violet, c'est-à-dire en tout un gris violet ; car l'œil, fatigué des nombreux rayons jaunes de la partie éclairée du carton blanc comptera pour rien ceux de l'ombre ; il n'est donc frappé que des violets, indigos, bleus, verts, jaunes et rouges. Or, les rayons violets, indigos, bleus et rouges, forment une teinte violette; il restera donc les verts et les jaunes qui donneront du vert-jaune, lequel, mêlé au violet, formera un ton grisâtre.

Tout ce que nous venons de dire serait encore vrai pour des étoffes transparentes de diverses couleurs.

Ces observations trouvent de nombreuses applications dans les peintures d'intérieur. Je suppose par exemple qu'une fenêtre soit fermée par des vitraux colorés, et qu'une lumière rouge pénètre dans la chambre; je suppose de plus qu'un corps porte ombre au milieu de cette lumière rouge sur le pavé, et qu'un jour faible de reflet bleuâtre se répande dans la chambre par une autre ouverture qui laisse pénétrer le reflet de la lumière du ciel, l'ombre portée dont nous venons de parler sera verte; si les vitraux étaient verts, l'ombre portée paraîtrait lilas.

CHAPITRE V.

I. Après avoir reconnu, dans les chapitres précédens, les diverses modifications que subit la lumière, lorsqu'elle traverse les corps, ou qu'elle tombe sur eux, il nous reste à étudier quels sont les moyens que le peintre emploie pour imiter les effets que la nature lui présente. Nous ne prétendons pas offrir ici un manuel pratique complet de peinture, nous ne parlerons des détails qui doivent entrer dans la composition d'un pareil ouvrage, qu'autant qu'ils auront quelque rapport direct avec la perspective aérienne (1).

Nous savons que la nature offre à nos yeux des corps blancs et des corps colorés; nous allons faire connaître d'abord un petit nombre de couleurs factices destinées à les représenter; la *fig.* 10 nous montre une palette sur laquelle sont placées les couleurs suivantes broyées à l'huile.

(1) Les personnes qui désireront passer en revue tous ces détails pourront lire le manuel de P. L. Bouvier de Genève. (Manuel de Peinture.)

N° 1. Blanc de plomb.
N° 2. Jaune de Naples.
N° 3. Ocre jaune.
N° 4. Ocre du Rhue.
N° 5. Ocre rouge.
N° 6. Cinabre.
N° 7. Laque.
N° 8. Bleu de Prusse.
N° 9. Noir d'ivoire.

Le blanc de plomb tient lieu ici de la lumière blanche, les autres couleurs représentent un certain nombre de corps colorés.

Nous appellerons de suite l'attention du lecteur sur l'ordre dans lequel sont rangées ces couleurs; cet ordre est loin d'être une chose indifférente, c'est la pratique et non le hasard qui l'a indiqué. Pour faire comprendre tout de suite ce que nous voulons faire remarquer, mêlons ces tons colorés les uns après les autres, avec une certaine quantité de blanc, afin de les rendre moins foncés, en ayant soin que la dose de blanc aille en décroissant, à mesure que l'on arrive vers les rouges; les teintes ainsi formées donneront celles dont se colore le disque du soleil, à mesure que les rayons qui en émanent ont à traverser des vapeurs plus intenses, et encore celles des vapeurs légères qui s'élèvent souvent le matin et le soir.

On voit déjà qu'il existe un rapport particulier entre la série de ces couleurs de la palette et celle que la théorie nous a fait reconnaître tant de fois. Cette similitude sera pour nous, ainsi qu'on pourra le voir plus tard, la base sur laquelle nous apuierons toutes les applications des principes que nous avons posés dans les quatre premiers chapitres.

Nous pouvons sans peine nous expliquer pourquoi les mélanges que nous avons faits tout à l'heure, jouissent de la propriété que nous avons énoncée. En effet, la première formée de blanc et de jaune de Naples, qui tire un peu sur le verdâtre, est bien la teinte qu'affecte la lumière solaire, lorsqu'elle perd un certain nombre de rayons violets, indigos et bleus. La seconde, composée d'ocre jaune et de blanc, est déjà plus rougeâtre; elle représente la lumière solaire qui a perdu un plus grand nombre de rayons que la précédente. La troisième, la quatrième, la cinquième, etc., sont semblables à la même lumière, à mesure qu'elle rougit dans son passage à travers les vapeurs.

II. Nous avons démontré que la lumière subissait les mêmes altérations, lorsqu'elle traversait beaucoup d'autres corps ; si ces corps sont blancs, comme, par exemple, un rideau qui bouche entièrement une fenêtre, il offrira des plis clairs et d'autres plus foncés. Si les premiers peuvent être peints avec du jaune de Naples et du blanc, les autres seront représentés successivement avec de l'ocre jaune et du blanc, de l'ocre de Rhue et du blanc, de l'ocre rouge et du blanc, plus les reflets des corps colorés placés dans l'intérieur de la chambre.

S'il s'agit d'un rideau coloré, d'un rideau jaune, par exemple, dont les parties les plus claires sont de la couleur du jaune de Naples, l'ocre jaune, l'ocre de Rhue, l'ocre rouge, le cinabre, mêlés à une somme de noir toujours croissante, seront successivement employés pour les points les plus obscurs de ce rideau; on leur ajoutera, d'ailleurs, les tons de reflets des objets divers répandus dans l'appartement.

Si le jaune de ce rideau était très-brillant, on ne pourrait pas obtenir sa teinte avec les ocres seuls; il y a deux autres jaunes qu'on emploie dans ce cas, la laque jaune de garance, ou la laque de Gaude, que l'on mêle avec les différens ocres.

Nous n'en avons pas encore parlé, parce qu'elles sont trop brillantes combinées avec du blanc, pour pouvoir entrer dans la série indiquée. On les placera où on le jugera convenable, après le noir d'ivoire si l'on veut : la laque jaune de garance est préférable à cause de sa solidité.

Pour un rideau vert, on pourrait employer de la laque verte que l'on dit assez solide.

III. L'air atmosphérique est comme nous le savons un corps bleu. Nous avons démontré que lorsqu'on regarde les diverses parties du ciel, elles nous réfléchissent à mesure qu'elles s'éloignent du soleil, des tons de bleu et de jaune clair, de bleu et de jaune, de bleu et d'orangé, etc. Donc en peinture avec les couleurs de la palette, on les imitera successivement en mêlant une certaine quantité de bleu et de blanc avec les couleurs n°s 1, 2, 3, 4, etc.; la quantité de blanc ira toujours en diminuant, tandis que la dose du bleu devra croître graduellement. En second lieu, ces teintes contiendront d'autant plus de blanc de plomb que le soleil sera plus élevé sur l'horizon.

Le bleu de Prusse a le désavantage de changer beaucoup avec la teinte. D'ailleurs, sa couleur particulière n'est pas tout-à-fait celle du ciel. Le bleu de Thenard et l'outremer sont beaucoup préférables sous tous les rapports; l'outremer était employé jusqu'ici avec réserve à cause de son haut prix, mais comme on vient récemment de trouver la manière de le composer sans lapis et avec des substances communes, nul doute que son usage ne devienne bientôt beaucoup plus familier. Cette couleur ne donne cependant pas encore, par son mélange avec les jaunes, des verts aussi foncés que ceux que présentent certaines parties de la végétation; on se servira alors de bleu de Prusse ou d'une autre couleur dont nous parlerons plus tard.

III. Nous avons vu que les diverses parties d'un corps blanc n'étaient pas toutes de la même teinte. Nous avons reconnu qu'il fallait avoir égard, 1° à la lumière transmise à travers le corps; que cette lumière était grise, et plus ou moins foncée comme dans les nuages orageux, ou formant la série des tons, jaunes-clairs, jaunes, orangés, rouges, mêlés à la couleur propre du corps.

Cette lumière transmise, sera donc représentée par

du blanc de plomb, mêlé { au jaune de Naples, à l'ocre jaune, à l'ocre de Rhue, à l'ocre rouge, au cinabre, à la laque.

2° A la lumière directe du soleil, réfléchie par ce corps. Cette lumière sera un peu plus jaune que celle du soleil : si celle-ci est blanche, la première sera de la même teinte que le blanc de plomb combiné avec très-peu de jaune de Naples et avec une petite quantité de la couleur propre du corps.

3° Aux reflets de l'atmosphère que nous pourrons former avec les teintes suivantes :

Bleu et blanc, plus { du jaune de Naples, de l'ocre jaune, de l'ocre de Rhue, de l'ocre rouge, du cinabre, du vermillon, de la laque.

4° Aux reflets des corps voisins. Ces reflets ne peuvent être prévus d'avance ; le cas particulier dans lequel on se trouve peut seul les indiquer. Nous ne pouvons donc préciser de quelle couleur ils seront formés.

5° A la distance du corps au spectateur.

Plus cette distance sera grande, plus la teinte de l'air interposé sera sensible ; à une distance d'une demi-lieue, ou de trois quarts de lieue, elle pourra se composer de blanc, de bleu et d'ocre rouge. Plus loin, elle contiendra un rouge moins jaune, du cinabre ou de la laque.

IV. On voit donc qu'avec le petit nombre de couleurs dont nous avons parlé, on peut peindre les teintes diverses que présentent tous les corps. Voici, en dernière analyse, ce qu'il faudra faire pour la plus grande commodité possible.

On mêlera très-peu de bleu avec du jaune de Naples, un peu plus de la même couleur avec l'ocre jaune, un peu plus avec l'ocre de Rhue ; on augmentera la dose encore avec l'ocre rouge, le cinabre et la laque ; on placera ces tons sur la palette sous les couleurs qui leur correspondent. La *fig.* 10 fait voir leurs places par les lettres a, b, c, d, f ; il restera à mêler du blanc et de la couleur propre du corps, en quantité qu'on jugera convenable d'après sa teinte particulière. Je pense qu'il est inutile de dire ici que dans un grand nombre de cas les corps ne présenteront pas la suite non interrompue des teintes ainsi formées, soit parce que l'atmosphère ne les présentera pas elle-même d'une manière continue, si le ciel est pur dans certains endroits et couvert de nuages dans d'autres; soit parce que le corps sera tourné de manière à réfléchir de préférence les corps voisins; mais au moins l'on aura une gamme de tons très-simple, peu nombreuse et qui s'appliquera à tous les cas possibles. On sait d'ailleurs que tous les peintres forment pour chaque corps qu'ils veulent copier une suite de teintes sans autre guide que leur coup d'œil. Les maîtres tombent sans peine sur celles qui sont convenables, mais ceux dont l'œil n'est pas suffisamment exercé les composent au hasard et quelque soit le nombre de ces teintes dont ils aient couvert leur palette, ils trouvent toujours qu'ils n'en ont pas assez : aussi leur embarras ne tarde pas à se manifester au milieu de la confusion que produit leur mélange; ils posent et reposent de nouvelles couches sur leurs tableaux par-dessus les premières, les fatiguent, les salissent et produisent des œuvres grossières, sans harmonie et dont chaque partie semble éclairée par un jour particulier. Il est sans contredit plus facile, ainsi que nous le proposons, d'établir un rapport commun entre les tons de la surface d'un tableau, ainsi que nous avons démontré que cela se passait dans la nature. On fera donc les mélanges a, b, c, d, etc., en assez grande quantité; on mêlera du blanc et du jaune de Naples, qu'on posera en O, pour représenter la lumière du soleil réfléchie, et à chaque corps que l'on aura à peindre on fera des tons particuliers pour lui, qu'on placera en a', b', c', d', etc. On les mêlera alors avec la brosse, comme on le jugera convenable, sur la partie A de la palette, et quand on voudra passer à un autre corps, on enlèvera ce qui restera des tons a', b', c', d', en ayant soin de mettre de côté ceux qui seront encore propres et que l'on jugera devoir servir pour d'autres parties du tableau.

Tout en admettant ce système, il est évident qu'on ne saura pas peindre, parce qu'on appliquera à la lettre ce que nous venons de dire; l'habitude seule, le travail et des dispositions heureuses apprendront à en tirer parti. Mais au moins on ne pourra pas contester qu'une marche générale, basée sur des principes indépendans de toutes les manières de peindre qui ont été adoptées dans les diverses écoles, mais applicables à toutes, et présentant d'ailleurs des rapports si frappans entre les teintes de la nature et les couleurs factices que les peintres ont à leur disposition, n'offre de grands avantages à cause de son extrême simplicité.

V. Le ton moyen des ombres sera, d'après ce que nous avons vu, composé d'orangé et de bleu, c'est-à-dire de brun-rouge et de bleu de Prusse, ou de brun-rouge et d'outremer. Cette teinte est grise et se rapproche singulièrement d'une couleur qui est fort en vogue dans l'École française, le noir de pêche. On peut donc, si l'on veut, se dispenser de le composer et placer ce noir de suite, et il n'y aura aucun inconvénient à s'en servir ainsi; on saura dans quel cas il est bon de l'employer, et on ne tombera pas dans ces tons froids et lourds qu'on remarque dans bon nombre de tableaux exposés chaque année au public, et que ne savent pas éviter les peintres qui se servent de cette couleur dans toutes les parties d'un corps. Il ne doit pas entrer dans les premières demi-teintes, si ce n'est dans les cas particuliers de quelques reflets bleus-violâtres, ou dans les corps rougeâtres : dans ceux-ci, en effet, les demi-teintes se composent de bleu, d'ocre jaune, et de la couleur propre du corps. Or, ce corps étant rouge, il s'en suit que ces demi-teintes seront de la laque, du bleu et du rouge, ce qui donne la même teinte que le noir de pêche.

VI. Outre les couleurs que nous avons déjà fait connaître, il y en a encore d'autres qui rentrent dans celles-ci: ainsi la terre d'Italie se place souvent à côté de l'ocre jaune et donne de très-beaux verts. La terre de Sienne est à peu près dans le même cas que la précédente; elles ne sont solides ni l'une ni l'autre. Lorsqu'on les fait calciner dans un creuset, elles acquièrent une teinte plus rougeâtre et susceptible de résister beaucoup mieux à l'action de l'air et de la lumière; mais elles ont le défaut de noircir.

VII. Presque toutes les couleurs dont nous avons parlé, excepté le bleu de Prusse et la laque, réfléchissent une assez grande quantité de lumière; on a beau les mélanger de manière à chercher à produire les tons les plus sombres possibles, si l'on n'en a pas d'autres à employer, on n'obtient pas des tons assez vigoureux dans l'ombre. C'est en vain qu'on y joint beaucoup de noir d'ivoire; on ne produit, malgré cela qu'une peinture grisâtre et sans ressort. La terre de cassel ou d'ombre (n° 13), et le bitume (n° 14), viennent alors au secours de l'artiste. Broyées à l'huile, ces couleurs deviennent transparentes : la lumière incidente pénétrant jusqu'au fond de la couche que le peintre pose de ces couleurs, est fortement obscurcie, et la petite quantité qui en ressort est si faible, que ces substances nous paraissent très-foncées. Le bitume, qui est la plus transparente, est aussi la plus sombre, lorsqu'on l'emploie avec une épaisseur considérable. La preuve de ce que nous venons de dire, c'est que si l'on mêle de la laque rouge, de la laque jaune et du bleu, on forme une teinte qui est celle du bitume, appliquée à une petite épaisseur ; mais qu'on augmente l'épaisseur de ces deux couleurs, le bitume prend bientôt un aspect plus noir.

Le bitume, la terre d'ombre et la terre de cassel, sont peu solides. Le bitume de Judée est le plus durable des trois.

VIII. Nous avons à peine parlé jusqu'ici du noir

d'ivoire; nous nous réservions d'en faire l'objet d'un article particulier.

Cette teinte convient très-bien d'abord pour représenter la couleur propre des corps noirs, et avec du blanc, celle des corps gris; avec les autres couleurs, les ocres, par exemple, elle est employée comme couleur propre des corps très-sombres. Il reste alors à la mélanger avec les tons f,e,d,c,b,a,o, et la quantité de blanc nécessaire au cas particulier dans lequel on se trouve. En général, les meilleurs coloristes ne l'ont employée qu'avec beaucoup de ménagement. Nous allons démontrer qu'il peut y avoir beaucoup de circonstances où l'on peut et où même l'on doit s'en passer.

Rappelons-nous ce que nous avons dit au sujet des nuages épais, dont les globules ne laissent passer qu'une lumière grise plus ou moins foncée: cette lumière grise sera imitée par du blanc et du noir; mais de plus, aux diverses teintes formées avec ces deux couleurs, il faudra ajouter les reflets bleuâtres du ciel : or, ces reflets sont obscurs par eux-mêmes; nous introduirons donc ainsi deux fois de l'obscurité : la première, par l'emploi du noir; la seconde, par celui de ses reflets. Le ton qui en résultera sera donc trop foncé; il faudra donc y ajouter de la lumière blanche, c'est-à-dire du blanc de plomb. Or, n'est-il pas plus simple d'introduire seulement de l'obscurité par les tons qui représentent les reflets de la voûte du ciel; et en effet, il est bien connu que les paysagistes célèbres ont généralement préféré composer les tons de leurs ciels et de leurs lointains avec de l'outremer et les diverses couleurs de la palette 1,2,3,4 etc., et du blanc. Si l'on veut bien jeter les yeux sur les objets placés au milieu de la campagne, on s'apercevra facilement que si d'une part, dans les différentes parties de ces corps, l'on distingue une dégradation bien sentie depuis les lumières jusqu'aux ombres, tout cependant y est clair et visible, à l'exception des ombres les plus intenses de celles qui sont tout-à-fait noires. Si donc on emploie déjà du noir pour les ombres des corps chargés de couleurs brillantes, quelles ressources restera-t-il pour imiter une robe et un chapeau noirs? Tout cela fait comprendre qu'il faut peindre les ombres le plus possible avec des couleurs et non pas avec la teinte qui représente l'absence de la lumière, c'est-à-dire le noir d'ivoire qui est le plus foncé de tous les noirs.

IX. Enfin il nous reste à parler d'une teinte jouissant d'une assez grande solidité et dont l'emploi peut devenir extrêmement commode dans une foule de cas. Le *Massico*, dont Rubens se servait, dit-on, constamment et qui n'est autre chose que du jaune de Naples calciné, présente le ton de la lumière blanche privée de ses rayons violets et indigos et quelques rayons bleus; sa place est entre le blanc et le jaune de Naples, elle est excellente pour entrer dans la composition des demi-teintes les plus claires des corps; elle est peu en vogue dans l'école actuelle. Les anciens peintres attachaient une grande importance à l'étude des couleurs qu'ils employaient; presque tous avaient des connaissances sur cette branche de la chimie; souvent ils composaient eux-mêmes leurs couleurs et les faisaient broyer chez eux, ou les broyaient eux-mêmes avec de grandes précautions : aussi leurs tableaux ont conservé un éclat, une vivacité de coloris qui l'emportent souvent sur des tableaux que l'on a vus, dans ces derniers temps, sortir frais et brillans de l'atelier du peintre et ternis quelques années après. Il est bien difficile, en effet, que tout autre que l'artiste puisse exercer une surveillance assez sévère sur les hommes qu'il emploie, pour empêcher que la pureté des couleurs ne soit altérée par une foule de causes, et ces inconvéniens deviennent encore beaucoup plus graves lorsque la mauvaise foi se joint à la négligence; dès lors on ne peut plus compter sur la durée des laques jaunes et rouges de Garance, sur la laque de Gaude, sur celle de l'outremer et du cobalt. Quant aux très-petits tableaux qui exigent une exécution fine et délicate, il est évident qu'il faut que le peintre se donne la peine de rebroyer lui-même ses couleurs.

X. Pendant qu'on exécute un tableau et jusqu'au moment où celui-ci est verni, on doit le préserver de tout contact avec les airs méphitiques. L'hydrogène sulfuré, ainsi que le sel de plomb contenu dans l'huile grasse, dont on se sert avec profusion, attaquent vivement le blanc de plomb, le jaune de Naples et le cinabre, ainsi que le sel de plomb contenu dans l'huile grasse. L'emploi de cette huile est peut-être la cause la plus fréquente de la détérioration des tableaux; les ocres eux-mêmes, qui sont les couleurs les plus solides parmi celles que nous avons indiquées jusqu'ici, contiennent plusieurs terres susceptibles de se combiner avec l'huile et de former avec elle des composés qui jaunissent très-rapidement. On a donc pensé qu'il y aurait de l'avantage à les obtenir débarrassées de ces substances étrangères et ne contenant autant que possible que les parties de fer colorantes : des chimistes ont fait des recherches dans ce sens et nous allons parler de leurs résultats. Ils ont obtenu des couleurs fixes que l'on peut substituer aux anciennes; ces couleurs sont, 1° le jaune de mars; 2° l'orangé de mars; 3° le rouge de mars; 4° le violet de mars; 5° le brun de mars. A ces couleurs joignons le blanc d'argent, le jaune d'antimoine à la place du jaune de Naples, le carmin de Garance et l'outremer; joignez-y le bleu de cobalt, supprimez le cinabre, et vous aurez une palette à peu près inaltérable (1).

On voit que ces couleurs présentent encore à peu près la même série que les premières, quoique d'une manière moins continue; il y a une lacune entre le jaune d'antimoine et le jaune de mars, que l'on peut remplir en ajoutant un peu de blanc à ce dernier. Quant au violet de mars, dont le ton convient à la teinte locale de toutes les ombres des corps blancs ou colorés, il tient la place du

(1) On trouve ces couleurs au prisme solaire, quai de l'École.

cinabre et du bleu dans la première palette; le brun de mars y remplace la terre de cassel. En calcinant du bleu de Prusse, dans un creuset, on obtient un brun qui ressemble beaucoup à celui de mars sous tous les rapports.

XI. Aux couleurs dont nous venons de parler, on peut encore joindre, comme excellentes, le vert de cobalt et le vert de chrôme, qui offrent les plus grands avantages; ils peuvent remplacer le ton formé avec du bleu de Prusse et de l'ocre jaune. Ils ont une très-grande énergie; toute la végétation peut être peinte avec ces couleurs avec un grand succès.

Enfin, à la place du noir de pêche, on peut prendre de la plombagine ou mine de plomb; quoique moins bleuâtre que celui-ci, elle résiste à un feu très-violent. Cette couleur est très-agréable à employer.

Cette seconde palette serait donc disposée ainsi qu'on le voit (*fig.* 11) :

N°s 1. Blanc d'argent.
2. Jaune d'antimoine.
3. Jaune de mars.
4. Orangé de mars.

5. Rouge de mars.
6. Carmin de Garance ou laque de Garance.
7. Outremer ou bleu de Thénard.
8. Noir d'ivoire.
9. Brun de mars.
10. Bitume.

a. Outremer et jaune d'antimoine.
b. Vert de cobalt ou de chrôme.
c. Outremer ou orangé de mars.
d. Outremer et rouge de mars, ou mine de plomb.
e. Violet de mars.

On voit par cette liste que le peintre n'aura ainsi que deux tons à composer; savoir, le mélange de l'outremer et du jaune d'antimoine et celui de l'outremer avec l'orangé.

Beaucoup de peintres ont essayé les mars et ne les ont pas approuvés; ils ont reconnu que ces couleurs *repoussaient*, c'est-à-dire qu'elles devenaient plus colorées, ou qu'elles *gagnaient du ton* après qu'on les avait placées sur le tableau. Cela tenait à ce que ces artistes les employaient avec les ocres, qui au contraire *baissent de ton* au bout de quelque temps; si donc un mélange de rouge de mars et de jaune d'ocre jaune est placé dans une nuance convenable, quelque temps après les jaunes ayant perdu de leur vigueur et le rouge de mars étant resté le même, il est bien facile de comprendre que celui-ci semble y être en trop grande quantité, de sorte que le mélange total a l'apparence d'avoir repoussé au rouge.

Ces couleurs, il faut le dire, l'emportent de beaucoup sur les premières. L'habitude de composer les teintes avec les anciennes, surtout pour la peinture de la figure, s'opposera encore long-temps à leur emploi unique, mais le besoin qu'on commence à sentir de produire des ouvrages durables, finira par l'emporter. Ces couleurs étant d'ailleurs très-riches peuvent être employées en très-petite quantité et par conséquent faire éviter les épaisseurs qui rendent le métier si difficile dans les peintures délicates.

CHAPITRE VI.

XII. Quels que soient les procédés que les peintres mettent en usage, ils sont loin d'obtenir l'éclat de la lumière répandue dans la nature. Si l'on se contentait de copier les corps tels qu'on les voit, ou de les peindre une seule fois avec les tons destinés à imiter chacune de leurs parties, on produirait une peinture plate sans énergie, et qui pâlirait de ton auprès des tableaux sortis des mains des maîtres de l'art. Ce qui est supportable dans une étude faite d'après nature et dans un lieu où on ne fait que passer, cesse d'être satisfaisant dans un tableau qui doit supporter pendant des siècles le jugement du public. Les peintres ont plusieurs procédés pour remédier le plus possible à cet inconvénient; ces moyens reposent sur la propriété que présentent les couleurs, de pouvoir être divisées en deux classes, 1° les couleurs opaques; 2° les couleurs transparentes.

Si l'on peint sur une toile recouverte comme à l'ordinaire d'une couche de blanc, et que l'on

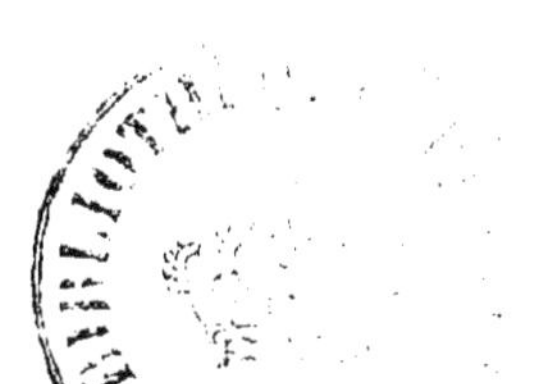

y pose une couche d'ocre jaune peu épaisse, la lumière qui frappe le tableau sera réfléchie en partie; mais une quantité notable de cette lumière passera à travers l'ocre, le blanc et la toile. On a de la peine d'abord à croire ce que j'avance ici, mais il est facile de s'en convaincre: en se plaçant derrière le tableau, on aperçoit tout de suite une lumière rougeâtre qui est due à l'altération de la lumière du jour passant au milieu des molécules de l'ocre, du blanc de plomb et de la toile. Il y a donc évidemment de la lumière perdue, donc la teinte d'ocre n'a pas autant de valeur qu'elle peut en acquérir, et elle sera arrivée à son maximum d'intensité lumineuse, lorsqu'elle sera assez épaisse pour qu'il n'y ait plus de lumière transmise. On va concevoir l'avantage qu'on peut retirer de cette observation: en effet, je suppose que l'artiste prétende fixer l'œil du spectateur sur un point particulier de son tableau, par la lumière qu'il veut y attirer plus vive que partout ailleurs, sur une partie d'un nuage, par exemple, et qu'en même temps il cherche à noircir les demi-teintes le moins possible, il parviendra à ce but en peignant cette partie de nuage à une beaucoup plus grande épaisseur que les voisines. Le nuage tout entier devra être peint plus épais que tous les autres, et ce même moyen servira à faire décroître la lumière depuis le point le plus clair jusqu'aux autres portions les plus sombres de l'atmosphère.

Ici se présente une objection qui semblerait devoir faire penser que cet avantage est moins grand que l'inconvénient qui en résulte. En effet, on pourrait croire que le peintre, obligé de revenir à plusieurs reprises sur son ouvrage, doit nécessairement amollir la touche spirituelle qu'il a mise d'inspiration la première fois qu'il a peint un objet ; mais heureusement il est facile d'éviter cet inconvénient en ébauchant largement d'abord l'effet qu'on veut établir, sans entrer dans aucun détail. On augmentera encore cette propriété reconnue à la toile d'un tableau d'absorber une grande quantité de lumière, au moyen d'une teinte plus foncée dans l'ébauche appliquée aux endroits où l'on veut le moins appeler l'œil du spectateur. Pour rendre nos idées plus intelligibles, spécifions un cas dans lequel nous nous plaçons; supposons que le soleil soit bas sur l'horizon, et que la lumière d'un nuage soit couleur d'ocre jaune mêlé à du blanc de plomb, nous savons que les lumières des nuages plus éloignées du foyer de lumière, c'est-à-dire du soleil, pourront être ocre de Rhue et blanc, les autres ocre rouge et blanc. Les ombres seront violâtres, si maintenant nous préparons notre ciel de manière à ce que les endroits qui devront être les plus clairs, soient couverts des couches de couleur les plus épaisses; si ensuite non-seulement l'épaisseur diminue, mais si les teintes sont préparées avec les couleurs qui leur conviennent, mais mêlées à moins de blanc de plomb, ou même n'en contenant pas du tout, nous pourrons, sur cette ébauche bien sèche, peindre notre ciel d'inspiration une seule fois, placer les touches lumineuses avec toute la netteté dont nous serons susceptibles, et nous aurons la conviction d'avoir employé toutes les ressources de la palette. Lorsqu'on regarde par derrière des tableaux des maîtres de l'école flamande sur lesquels on fait tomber le soleil, on y reconnaît des préparations semblables à celles que je viens d'indiquer.

Les remarques précédentes sont précieuses pour faire sentir combien un tableau doit acquérir de solidité et d'effet à mesure qu'on le repeint un plus grand nombre de fois. Au bout d'un demi-siècle au plus, il doit l'emporter de beaucoup sur ces peintures au premier coup, dans lesquelles il n'y a pas une grande distance entre les ombres et les lumières; on en voit souvent même qui n'attendent pas la mort de leur auteur pour perdre complètement leur effet primitif.

Si l'on ne suit pas cette méthode, il faut alors poser des teintes très-épaisses dans les points les plus lumineux du tableau et l'on ne peut éviter ainsi ces épaisseurs prodigieuses, formant éminence et détruisant, il faut l'avouer, une partie de l'illusion, au moins dans les petits tableaux. Claude-le-Lorrain, dont les ciels sont les plus estimés, semble les avoir employées le moins souvent qu'il a pu, et en effet, l'atmosphère n'est remplie que de corps très-déliés et qui ne présentent jamais ces inégalités qu'on remarque dans les rochers ou dans des terrains pierreux. Ces épaisseurs sont au contraire une ressource pour faire briller les points lumineux des corps polis, ou les éminences, comme dans les broderies d'or sur les draperies, ou dans les sculptures d'ornemens, etc. Beaucoup de peintres en ont tiré un grand parti.

Au surplus, il est pour ainsi dire impossible de rien préciser à cet égard; celui-ci, poussé par un tempérament violent, comme Salvator, Rembrant, ou Téniers, a besoin de se laisser emporter par la première inspiration, ne pouvant pas s'occuper du même objet deux fois de suite : il semble que son imagination, susceptible d'être montée fortement alors qu'il commence un ouvrage, ne reçoit, lorsqu'il veut reprendre un tableau interrompu, qu'une impulsion beaucoup moins vive, et qu'alors sa main irrésolue, n'obéissant plus qu'à une volonté faible, a perdu une grande quantité de l'énergie du premier jet. D'autres, plus patiens, plus amis de la perfection, sont capables de contraindre leur esprit à se replacer plusieurs fois de suite dans les mêmes sensations, et de terminer, avec une infatigable constance, le travail qu'ils ont préparé quelque temps auparavant, mais qu'ils ont laissé sécher, afin de ne pas être gênés par le mélange des teintes inférieures avec celles dont ils les recouvrent. Quelle que soit la marche qu'adopte l'artiste, selon la vivacité plus ou moins grande dont il est doué, il est de fait qu'il faut plus empâter les lumières des corps que leurs ombres. C'est la marche que les peintres les plus célèbres ont constamment suivie.

Les Flamands, pour parer à cette transparence de la toile, se sont servis souvent de panneaux de vieux bois recouverts préalablement d'une couche épaisse de blanc à la colle qui est beaucoup plus brillant que le blanc à l'huile. C'est alors que les préparations des teintes moins lumineuses posées au-dessous deviennent plus nécessaires, car sans elles il n'y aurait pas une dégradation de lumière assez sensible; mais au moins, dans ce cas, les lumières auraient toute la vivacité dont elles sont susceptibles en peinture, à cause de la préparation très-blanche du blanc à la colle.

Les métaux présentent les mêmes avantages, le fer-blanc, le cuivre, les panneaux dorés, réfléchissent vivement la lumière qui pénètre à travers la peinture jusqu'à leur surface. Aussi ces divers corps ont été employés fréquemment par les peintres anciens, par les Flamands surtout, qui connaissaient si bien les ressources de leur art.

De là vient encore l'idée qu'on a eu de peindre sur des toiles colorées. Les toiles rouges conviennent aux tableaux très-foncés, les jaunes à ceux qui le sont moyennement, et les blanches à ceux qui doivent être très-clairs : le mieux est de disposer ces tons sur une toile blanche selon la teinte plus ou moins foncée des corps qui doivent y trouver place.

Cependant, si l'on veut imiter des objets très-sombres par leur ton particulier et par leur position dans l'espace, on peut se servir de la couleur qui leur est propre, privée entièrement du blanc et mêlée au bitume, en poser plusieurs couches l'une sur l'autre, et former ainsi une épaisseur considérable. Ce procédé est sujet à produire des éminences dans les ombres, désagréables dans un tableau soigné, et à faire éclater les tableaux au bout de quelques années. On emploie d'abord des couleurs plus opaques, telles que les noirs ou la terre de Cassel, puis on recouvre cette couche par une seconde teinte, dans laquelle entrent les laques, le noir ou le bitume. On obtient ainsi une obscurité beaucoup plus grande que par le noir seul. Cette couche mince des couleurs transparentes s'appelle un *glacis*.

Ainsi les glacis sont un dernier moyen que le peintre emploie lorsqu'il n'a pas obtenu tout l'effet possible en peignant sur les préparations ou tons de dessous dont nous avons parlé. Si, par exemple, il trouve que le ton d'une partie de son tableau n'est pas assez *sourd*, c'est-à-dire qu'il n'y a pas assez de différence entre la quantité de rayons qu'elle réfléchit et celle émise par les parties les plus lumineuses, il lui sera facile de diminuer cette somme de rayons dans les ombres par une couche mince d'une couleur transparente appropriée aux corps représentés dans cette partie de l'ouvrage; la lumière obligée de traverser cette couche transparente, devra nécessairement devenir plus obscure. Tout le travail que l'on aura fait ne sera pas d'ailleurs perdu; on le sentira encore par-dessous ce glacis.

S'il arrive que le peintre, mécontent de son premier travail, retouche plusieurs fois de suite certaine portion de son ouvrage avec plus de soin que ses voisines, quoique les mêmes teintes aient d'ailleurs été employées, en s'éloignant à une distance convenable, il ne tardera pas à s'apercevoir que ces parties de son tableau semblent venir en avant des autres qui sont sur le même plan : c'est alors qu'un glacis est une ressource précieuse; elle sert souvent à faire reculer un lointain à une distance considérable.

Il est nécessaire d'observer ici que si l'on veut conserver le même ton que celui qu'on a posé d'abord, mais seulement le rendre moins clair, il faut que la couleur employée pour le glacis soit d'une teinte un peu plus bleuâtre que le ton de dessous, car la lumière passant à travers et le retraversant, tourne vers le rouge; cette teinte paraîtrait donc trop rousse, si elle était tout-à-fait la même que le ton inférieur. Le bleu de cobalt, l'outremer, sont des couleurs qu'on emploie de préférence dans ce cas, d'autant plus qu'elles sont inaltérables; condition nécessaire, puisqu'elles sont appliquées en très-petite quantité : si l'on veut *réchauffer* certaines parties trop grises, on a recours aux laques, au bitume, et il est évident que plus les ombres d'un tableau seront glacées, plus elles acquerront de vigueur.

Quelquefois on pose en glacis le ton même avec lequel on a peint un objet; ce procédé est commode souvent pour obtenir une demi-teinte avec le même ton que celui que l'on a pris pour peindre la lumière. Si, par exemple, la partie la plus lumineuse d'un bras est peinte avec de l'ocre jaune et du blanc, posés en couche épaisse, ce même mélange étendu en couche mince sur l'ébauche conviendra à la demi-teinte voisine. On dit que l'école vénitienne s'est beaucoup servi de ce procédé.

Nous venons de faire connaître quelques avantages que présentent les couches de couleurs transparentes posées par-dessus les autres; nous allons parler d'un inconvénient qui leur est propre et qui a plus d'une fois embarrassé des hommes habiles. Beaucoup d'artistes peignent les corps destinés à être revêtus de couleurs très-brillantes, de rouge, par exemple, comme s'ils étaient blancs, puis ils les glacent avec de la laque de garance, ils obtiennent ainsi un beaucoup plus beau rouge que de toute autre manière. Il en est de même pour une draperie verte ou jaune; glacée de laque verte ou jaune, elle prend alors une très-belle teinte, mais si l'on n'a pas eu soin de donner à ce corps une lumière beaucoup plus vive qu'elle ne doit l'avoir en dernier lieu, le glacis qu'on repose par-dessus l'*assourdit* tellement, qu'il semble ne plus participer à la grande lumière répandue sur cet endroit du tableau; et comme ordinairement ces corps brillans sont placés aux points les plus saillans, il s'en suit que l'effet principal est manqué.

Un autre inconvénient qui résulte souvent des glacis, c'est que les peintres y mêlent une grande quantité d'huile : cette huile ne tarde pas à jaunir et à communiquer une couleur rousse ou noire au tableau. Beaucoup de peintures des écoles d'Italie ont pris avec le temps cette teinte qui détruit presque tout ce charme du coloris.

V. Lorsqu'un corps reçoit un reflet d'un autre corps coloré, nous savons que généralement ce reflet est assez faible et qu'il est plus souvent rougeâtre que de tout autre couleur. Les glacis sont très-propres à représenter cette couleur empruntée aux corps voisins. On peint le corps en question avec sa couleur naturelle, comme s'il était seul dans l'espace, et on glace avec le ton du reflet. Le jaune et l'orangé de mars, mêlés à une certaine quantité de bleu, qui peut être très-petite et même nulle, sont très-commodes pour cet usage; les bitumes, les laques, etc., mêlées ensemble et même aux ocres conviennent aussi très-bien.

Enfin, les glacis servent à compléter l'harmonie entre les diverses parties d'un tableau, en les reliant par des tons communs à celles qui sont voisines les unes des autres.

VI. De ce qui vient d'être dit, il résulte que l'on peut réchauffer un ton gris par un glacis plus ou moins rougeâtre, et éteindre les endroits d'un tableau qui paraissent trop clairs. On peut donc, à la rigueur, par ce moyen, se passer dans beaucoup de cas des *dessous* préparés comme nous l'avons indiqué, c'est-à-dire ébaucher avec des tons gris et froids et revenir avec des teintes transparentes plus chaudes. Il semblerait que cette méthode est surtout convenable lorsqu'il s'agit de représenter un corps opaque qui, par sa nature, est plus lumineux qu'un autre corps de même couleur, mais transparent; ainsi un rocher gris calcaire réfléchit plus de rayons lumineux que la pierre à cailloux, parce que celle-ci jouissant d'une assez grande transparence, absorbe une bonne partie de la lumière incidente; c'est-à-dire qu'en peinture un corps opaque doit renvoyer plus de lumière qu'un corps qui ne l'est pas. Il est donc bien de l'ébaucher lui-même avec des couleurs opaques. Les glacis viendront après pour éteindre les points qui y paraîtraient trop brillans. Quant aux corps transparens au contraire, il est convenable de les ébaucher avec des couleurs transparentes représentant la lumière transmise et de les repeindre avec des couleurs opaques moins épaisses que pour les corps précédens, afin d'y indiquer les diverses lumières qu'ils reçoivent.

Il y a beaucoup de peintres d'intérieurs qui, préparant les dessous des pierres avec des tons très-transparens, ne craignent pas de peindre au premier coup sur cette première couche et avec peu d'épaisseur. Il en résulte que leurs pierres ont toujours un peu l'aspect des agates. Cependant, comme dans ces intérieurs il ne se trouve guères de corps transparens, la différence n'a pas besoin d'être sentie aussi-bien que dans un paysage, et c'est pour cela probablement que ce procédé est si souvent employé dans ces derniers temps. Il n'en est pas ainsi des intérieurs de Gérard d'Ow, de Metzu, de Therbourg, de Peternef; les pierres y sont peintes avec une couche solide recouverte des glacis convenables.

Ces deux moyens peuvent ensuite se combiner l'un avec l'autre dans certains cas : je suppose qu'après avoir peint avec des tons gris sur une préparation rougeâtre, on soit mécontent de son ouvrage, on glacera un second ton rougeâtre sur la teinte froide que l'on aura laissé sécher, puis on recommencera à peindre comme sur la première préparation.

Les uns préfèrent les ébauches grises et les glacis rougeâtres placés par-dessus; les autres posent les teintes rougeâtres transparentes d'abord, puis les couleurs opaques en dernier lieu. Il nous semble démontré, par ce que nous avons dit, que ces deux méthodes sont préférables chacune à leur tour selon la nature de l'objet qu'on est appelé à copier. Cette opinion semble d'ailleurs d'autant plus admissible qu'elle n'asservit pas exclusivement l'artiste à ces pratiques d'ateliers en vogue aujourd'hui, mais demain en discrédit, si le peintre qui les a mises à la mode se voit ravir la première place dans l'estime et la faveur du public par quelque nouveau rival.

CHAPITRE VII.

1. Nous allons éclaircir par quelques explications particulières, les principes généraux que nous avons établis, et choisir entre les exemples dans lesquels nous avons étudié les tons qui s'offrent à nos yeux; ainsi nous avons dit à propos d'une terre labourée, que celle-ci étant opaque, il n'y a pas d'abord de lumière transmise à observer, c'est-à-dire qu'il n'y a pas de dessous à poser, si ce n'est un ton foncé dans le cas où le champ lui-même serait tout-à-fait à l'ombre. On appliquera donc une teinte locale tenant le milieu entre celles des ombres du terrain; cette teinte locale se composera de la couleur propre de l'objet, que je suppose couleur de terre de Sienne brûlée, par exemple, et de bleu et d'ocre rouge; l'on fera entrer ensuite du vermillon et du bleu, ou du bitume sur le devant, ou bien encore de la terre de Cassel dans les ombres portées sous cha-

que morceau de terre ; on indiquera après cela les reflets rougeâtres de la terre ; à droite, à gauche et au-dessus, les reflets bleuâtres du ciel et du soleil formés de terre de Sienne brûlée et de la suite des tons e, d, c, b, a, o (*fig.* 10) mêlés à la quantité nécessaire de lumière blanche, ou de blanc de plomb. Il en sera de même pour un chemin rempli d'ornières et de pierres.

Si l'on employait la seconde palette que nous avons détaillée (*fig.* 11), on ébaucherait les devans avec du rouge de mars et du bleu mêlé à de l'orangé ; on marquerait les dessous foncés avec du brun de mars, les reflets avec du rouge de mars, du blanc et un peu de bleu, ou avec de l'orangé de mars, du blanc et très-peu de bleu, ou même pas du tout, puis les reflets de l'atmosphère avec les tons e, d, c, b, a, o, mêlés à une certaine quantité de blanc de bismuth.

A mesure que ces diverses parties du champ s'éloigneront, les ombres deviendront moins foncées, et elles se mêleront de plus en plus, aussi-bien que les lumières avec la teinte bleu-rouge de l'atmosphère interposée.

II. S'il s'agit de peindre les vapeurs du matin, nous remarquerons qu'outre leur lumière transmise, le côté qu'elle présente, tourné vers la partie la plus bleue du ciel, participe des reflets de celui-ci. Nous pourrions donc d'abord poser les diverses sortes de lumière tranmise qu'elles fournissent, puis les recouvrir avec les reflets bleus de l'atmosphère, ou bien mêler sur la palette toutes les teintes ensemble et les poser en même temps sur le tableau, c'est-à-dire employer successivement les tons a,b,c,d,e, etc., mêlés à une certaine quantité de blanc de plomb.

III. Pour peindre une eau tranquille, transparente et peu profonde, on commencera par détailler les pierres ou les cailloux gisant au fond de son lit, comme s'ils étaient à découvert : puis on les glacera avec une teinte de la couleur de l'eau. Or, dans le cas qui nous occupe, cette couleur est d'un très-beau vert transparent ; nous serons donc obligés d'employer les couleurs les moins opaques de la palette ; soit la laque verte, par exemple, soit du bleu mêlé avec les laques jaunes de garance ou de gaude, ou simplement du bleu et du bitume.

Ces couleurs sont rarement solides ; on peut

leur substituer du vert de cobalt mêlé au bleu de cobalt; ce mélange est plus opaque à la vérité, mais en couche très-mince, il est préférable à cause de sa fixité. On augmente ensuite l'épaisseur de ce glacis à mesure que l'eau devient plus profonde, en ayant soin de la rendre plus sombre en y mêlant du bitume ou de la terre de Cassel, c'est-à-dire les couleurs les plus transparentes; de la laque et du noir feraient aussi un bon ton.

Après avoir laissé sécher cette seconde couche, on y posera les reflets des corps qui s'y repeignent, en ayant soin d'y mêler moins de blanc de plomb, ce qui vaut mieux que d'y introduire du noir de pêche ou du noir d'ivoire.

Lorsque l'on fait une étude d'après nature, on n'est pas toujours maître de séjourner assez longtemps pour attendre que les couches inférieures soient parfaitement sèches; il faut alors employer les siccatifs, tels que l'huile grasse ou le sel de Saturne, et poser les couleurs de dessous assez dures pour ne pouvoir pas être appliquées sans effort avec une brosse dure. Il est facile alors avec un peu d'adresse de mettre les teintes supérieures sans enlever le dessous, pourvu qu'on ait la précaution de les étendre très-doucement au moyen d'un pinceau très-doux et après les avoir mêlées à une assez grande quantité d'huile. Cependant le ton inférieur finit toujours par se combiner plus ou moins avec le dernier, et les reflets de l'eau ne sont jamais aussi purs que par le premier moyen.

Si l'eau n'est pas d'une transparence parfaite et si elle est profonde, on n'a plus besoin d'étudier avec tant de soin les corps placés au fond de son lit. Les couleurs employées pour représenter sa couleur ne doivent pas être non plus si transparentes, et les ocres mêlés au bleu de Thenard ou à l'outremer imiteront sa teinte laiteuse d'une manière satisfaisante.

IV. Lorsque l'eau est agitée, nous avons vu que la lumière transmise était d'un très-beau vert-clair, surtout à l'extrémité des vagues; on commencera donc par poser les divers tons a, b, c, d, etc; mêlés à de la laque jaune, ou à du vert de cobalt et à la quantité de blanc de plomb relative à la lumière plus ou moins grande qui passe à travers cette eau. Si l'eau n'est pas tout à fait transparente comme celle de la mer sur les côtes de Normandie ou de

Hollande, les tons a b c d suffisent souvent sans laque jaune; puis ces mêmes tons mêlés à beaucoup de blanc donnent les différens reflets du ciel. Le ton O sera le reflet du soleil. Si le soleil est blanc, là où l'eau en retombant est agitée le plus fortement, il y a de la lumière blanche qui sera représentée par du blanc de plomb.

Toutes ces parties peintes l'une après l'autre en ayant soin de laisser sécher les premières, avant de poser les derniers reflets, les plus claires produiront de l'eau transparente.

Au surplus on a encore la ressource des tons de dessous très-jaunes pour les parties les plus lumineuses et des glacis de couleurs toutes transparentes, qui, posés par une main habile, compléteront ce que l'œil pourrait avoir encore à désirer.

Si dans la partie de la vague qui retombe, il se forme des éminences et des creux, chaque éminence aura sa lumière transmise et ses reflets. (*Fig.* 6).

V. Il en est encore de même pour l'eau qui tombe d'une très-grande hauteur; soit la cascade ACB (*fig.* 7); la partie A ne présentant pas d'éminences sensibles, laissera paraître beaucoup la lumière transmise, sur laquelle on placera seulement quelques reflets avec les tons a, b, c, d, etc., mêlés au blanc; puis la masse en tombant se brisant de plus en plus, les gouttes d'eau reforment une certaine quantité de lumière blanche qui va toujours en augmentant jusqu'au point B. Ainsi, cette masse d'eau sera d'abord préparée avec les différens tons de la lumière transmise, c'est-à-dire les teintes a, b, c, d, e, mêlés à du jaune plus ou moins clair; puis on divisera cette masse totale en petites masses particulières formées par la séparation de la colonne d'eau en plusieurs filets, sur lesquels on indiquera les reflets de l'atmosphère. Il restera à poser du blanc sur les masses lorsqu'elles seront sèches, en d'autant plus grande quantité qu'on arrivera au bas de la cascade; le point B pourra être peint avec des couches épaisses, imitant les épaisseurs de l'écume de l'eau. L'eau peinte ainsi sera fraîche et brillante sans devenir d'un blanc mat, défaut dans lequel tombent tant de peintres qui donnent dans leur tableau l'aspect d'un corps opaque semblable à un amas de morceaux de craie blanche.

S'il s'agit de l'eau d'un lac ou de la mer

agitée par le vent, de manière à ce que le passage de celui-ci y soit indiqué par bandes horizontales à la surface, on peindra d'abord cette eau comme si elle était tranquille, puis on placera les teintes qui représenteront les bandes; ces tons se trouveront dans la série a, b, c, d mêlée à du blanc, puisqu'ils sont les reflets de l'atmosphère et des corps voisins.

VI. Pour un vase de verre blanc ou de christal, on posera d'abord sur le fond une teinte verdâtre à peine sensible, on laissera sécher, puis on appliquera les reflets du ciel et du soleil au moyen de la série a, b, c, d mêlée à la quantité de blanc de plomb convenable.

Si c'est une pierre précieuse, un rubis par exemple, qu'on veut peindre, on posera d'abord le ton de la lumière transmise qui est de la couleur du carmin de garance le plus brillant; viendront ensuite les reflets comme à l'ordinaire. Si la pierre est taillée à facettes, il faudra de plus avoir égard aux diverses couleurs de l'arc-en-ciel que l'on y voit aussi.

VII. Les troncs d'arbres étant des corps très-peu

transparens, doivent être peints avec des couleurs opaques : les uns les préparent avec un dessous bitumineux, mais alors ils peignent l'écorce pardessus par touches fortement empâtées, qui laissent entre elles un petit espace destiné à représenter les fentes qui sillonnent la partie supérieure de l'écorce. Si ces touches étaient posées minces, les tons bitumineux, placés d'abord, repousseraient, et le corps de l'arbre prendrait le même aspect que s'il était transparent; les autres ébauchent les troncs d'arbres avec un ton local opaque, sur lequel ils figurent les fentes avec une couleur bitumineuse, puis marquent les lumières par des touches claires, et les ombres par des touches sombres : le violet de mars, le blanc et un peu de bleu, forment à peu près cette teinte locale. Quant à la pellicule légère qui recouvre quelques-uns d'entre eux, on la peindra avec une couche peu épaisse de couleur, en imitant ici ce que fait la nature, puisque la teinte inférieure s'apercevra encore, de même que l'on sent un peu la couleur de l'écorce à travers cette pellicule qui la recouvre.

Les mousses épaisses qui croissent sur les troncs d'arbres, se prépareront en tons verts-rougeâtres plus ou moins foncés, c'est-à-dire plus ou moins mêlés à du bitume; puis l'on placera les divers tons de reflets a, b, c, d mêlés à du beau vert-jaune, couleur propre de ces mousses, et à une très-petite quantité de blanc dans certains endroits qui réfléchissent les parties bleuâtres du ciel.

VIII. Quant aux feuilles des arbres, on commencera par imiter la couleur de la lumière transmise : si ces arbres sont d'un beau vert et sur le devant du tableau, les tons divers de cette lumière seront un beau vert, mêlé aux tons de la série 1, 2, 3, 4, etc., et à une certaine quantité de blanc, si cela est nécessaire. Ce beau vert sera du bleu et de la laque jaune ou de la laque verte, le vert de chrôme ou de cobalt, produiront le même effet, et offriront l'avantage d'une solidité inaltérable. On posera donc d'abord les tons les plus foncés du centre de l'arbre, qui tourneront outre cela au rouge obscur, à cause des reflets du corps de l'arbre et du terrain situé en dessous : on posera après cela par touches, les feuilles placées en avant de ces parties sombres, et qui ne sont éclairées que par la lumière qui a traversé les feuilles supérieures, puis celles qui le sont moins, et enfin les plus claires qui sont sur les bords.

Ces premières touches étant bien sèches, on

mêlera un des beaux verts dont nous avons parlé avec les tons de la série a, b, c, d, etc., et on y trouvera les différens reflets du ciel et du soleil. Ces derniers seront d'un vert très-clair. On évitera ainsi, tout en peignant la végétation d'une teinte très-fraîche et très-brillante, ces couleurs *crues* ou ces tons d'automne affectionnés par certains peintres, parce que leur imitation conduit plus facilement à des effets harmonieux. A voir les compositions de ces artistes, on dirait qu'ils n'ont jamais joui du plaisir que la fraîcheur du printemps fait éprouver, et qu'ils n'ont parcouru la campagne qu'au moment où ses teintes sombres annoncent déjà le retour de la mauvaison saison.

Il est inutile de dire qu'on employera les glacis pour mettre la dernière main à l'ouvrage, et qu'avant tout il y aura beaucoup de cas où les préparations de dessous deviendront nécessaires. Je suppose, par exemple, que l'arbre que l'on place dans un paysage doive se détacher sur un fond obscur, les teintes qu'on placera, comme nous venons de le détailler, n'auraient pas toutes la valeur désirable, si l'on ne recouvrait pas d'abord ce fond sombre par des tons jaunes posés sous les parties lumineuses, orangé sous les demi-teintes, et orangé-rouge sous les ombres.

IX. On suivra absolument la même marche pour l'herbe des champs, pour les dessous de toute espèce, ainsi que pour les fleurs. Si par exemple le peintre veut représenter une rose, il commencera par la lumière transmise entre chaque feuille et dans le cœur de la fleur; le carmin de garance est ici nécessaire; mêlé à la série 1, 2, 3, 4, puis aux tons de la série a, b, c, d, il donnera les reflets bleuâtres de l'atmosphère et la couleur des parties d'un rose plus jaune éclairées directement par le soleil.

X. La peau de l'homme étant transparente, on fera bien d'abord de reconnaître la couleur de la lumière transmise; supposons que nous nous bornons ici à l'étude de la tête. Lorsque la lumière aura parcouru assez de chemin travers la peau et le sang pour tourner au rouge, comme dans les extrémités, au bout du nez, dans les narines, dans les lèvres supérieure et inférieure, sous les paupières, dans la glande lacrimale, dans le cartilage de l'oreille, on posera à ces endroits de la laque ou un autre rouge. Là où elle aura parcouru moins de chemin, comme sur le bord de l'ombre de la colonne du nez, le dessous des sourcils, elle sera seulement orangé et on y posera de l'ocre rouge ou de l'ocre de rue en couche mince; enfin de l'ocre jaune et même du jaune de Naples pour les peaux très-blanches, comme dans l'ombre des rides de la peau, placées dans la grande lumière (1).

Quant aux teintes de chair, on les trouvera en mêlant du blanc et de l'orangé avec la série a, b, c, d, e. On aura ainsi les divers tons des parties reflétées par le ciel. Celles éclairées directement par le soleil, si celui-ci est blanc, seront composées d'une teinte un peu plus jaune, à cause de la transparence de la peau, c'est-à-dire du blanc et du jaune de Naples mêlés à de l'orangé, ce qui est la même chose que de l'ocre jaune et du blanc. On posera ces tons par-dessus la lumière transmise qui repoussera à travers et imitera le mécanisme de la nature. En effet beaucoup de peintres recommandent cette teinte. Si la peau est très-blanche, la quantité d'orangé devient si peu sensible, qu'on peut obtenir le ton des lumières avec du blanc et du jaune de Naples : c'est ce qui arrive pour les femmes et pour les enfans.

Si l'on examine avec soin les ébauches de Rubens, on y apercevra toutes les ombres des par-

(1) Ces tons seront mêlés, s'il le faut, à une certaine quantité de blanc.

ties transparentes préparées au rouge ou à l'orangé, et tout le reste conforme à tout ce que nous venons de dire. Il n'est pas difficile de comprendre d'ailleurs, que le massico qu'il a constamment employé, à ce qu'on assure, n'est autre chose que le ton des premières demi-teintes, composé d'un peu de bleu, de jaune de Naples, de beaucoup de blanc, et d'un peu de rouge.

Pour les cheveux, on suivra la marche indiquée pour tous les corps transparens.

Si le soleil ne donne pas sur la figure, ce qui est le cas le plus ordinaire, on n'en emploie pas moins les mêmes tons; car un tableau réfléchit moins de lumière que les corps qu'il représente, et notamment dans celles de ces parties lumineuses qui sont en relief. On est donc toujours au-dessous de cette somme de lumière, dans le cas où le soleil ne frappe pas le corps dont on veut offrir l'image.

Si un objet EF est représenté grand comme nature sur un tableau ABCD (*fig.* 12), c'est-à-dire si ce corps est tout à fait sur le premier plan, en s'éloignant à la distance voulue, pour apercevoir le tableau d'un seul coup d'œil, on sera placé à une distance au moins égal à deux fois sa hauteur. Il y aura donc entre l'œil et cet objet placé dans le tableau, la même distance qu'entre l'œil et ce même objet dans la nature; le même effet sera donc produit par l'un et par l'autre, avec cette restriction cependant que les corps très-opaques et de couleur claire refléchiront, quoiqu'on puisse faire, une lumière plus vive que les couleurs avec lesquelles on les imite, et auxquelles l'huile communique une certaine transparence. Mais il n'en est plus de même pour un petit tabeau abcd; l'on est, il est vrai, d'une part placé encore à la même distance du corps EF, mais de l'autre il faut faire attention qu'il n'y a plus entre son image et le spectateur qu'une très-petite distance : si donc on ne peignait pas sur ce petit tableau, les corps plus vaporeux que sur le grand dont nous avons parlé tout à l'heure, l'effet produit ne serait plus le même que dans la nature.

C'est par une raison semblable que si l'on copie en petit un corps dont on ne peut pas s'éloigner à la distance voulue, il faut avoir égard à ce trop grand rapprochement : d'abord, comme on est obligé de regarder chacun de ses détails en particulier, on en remarque plus nettement les contours que, si placé à un éloignement convenable, l'œil était frappé d'un seul coup par la somme totale de ces contours. Le moyen de remédier à ce nouvel inconvénient est de cligner les yeux de manière à diminuer la quantité de lumière qui pénètre jusque sur la rétine; les contours paraissent plus indécis, et en les rendant tels qu'ils paraissent alors, on les peindra encore peut-être trop détaillés; en second lieu, comme il n'y a pas assez d'air interposé, leur teinte n'est pas assez bleuâtre, on les représentera donc plus bleuâtres qu'ils ne le paraissent.

XI. Si l'on sait qu'un tableau exécuté sur de grandes dimensions, est destiné à être vu de fort loin, et si comme cela arrive souvent à une place où il ne doit pas être frappé par une lumière aussi vive que celle qui tombe sur les corps qui y sont peints, il faudra que l'on ait soin de ne pas peindre les ombres avec des tons aussi obscurs que ceux des modèles : en effet, le tableau étant placé, ces ombres paraîtraient noires. Or, si on les peint plus rouges qu'elles ne le sont à nos yeux dans la nature, lorsque l'ouvrage sera porté dans le lieu obscur qui lui est destiné, la quantité de lumière que ses parties sombres réfléchiront, sera assez petite pour que parmi les rayons de toutes couleurs qu'elles envoyent, les rouges seuls, après leur trajet depuis le tableau jusqu'à l'œil, restent assez nombreux pour être sensibles : de plus, comme ils seront en très-petite quantité, leur rouge sera obscur, c'est-à-dire de la teinte qu'on obtient avec le rouge et le noir, ou brune, et par conséquent du ton des ombres foncées.

La difficulté de placer des tableaux dans les intérieurs d'églises sombres, avait été sentie par les gothiques. Ils avaient imaginé de les peindre sur les vitraux mêmes qui, frappés par la lumière extérieure, sont toujours vivement éclairés. Il semble étonnant qu'on n'ait pas eu l'idée de les exécuter seulement à l'huile sur de grandes glaces dépolies ; leur durée serait au moins égale à celles des autres tableaux sur toile, et offriraient des ressources d'exécution immenses, qui leur assureraient la supériorité sur ceux qu'on est obligé de soumettre à l'action d'un fourneau à reverbère.

XII. Le ton de l'atelier d'un peintre est une chose très-importante à considérer. Si l'on copie une figure placée dans un intérieur vert, et que sur le tableau on la représente entourée d'un fond roux, l'harmonie entre ce fond et les ombres de la figure ne pourra pas exister. Si l'atelier est peint en gris, il ne sera pas propre non plus à donner les reflets convenables à une figure représentée au milieu d'une chambre tendue en rouge ou en jaune; d'après cela une teinte d'un gris bleuâtre serait la meilleure pour les murs de l'atelier d'un peintre, qui placerait ses figures en plein air dans ses ouvrages. Au surplus, le meilleur moyen à employer dans ce cas, c'est de placer une glace du côté ombré du modèle et de faire refléter sur celui-ci les tons bleuâtres du ciel. Cependant ces tons ne seront pas assez bleus, si la chambre est éclairée par le jour du midi, et ils le seront trop, si l'on y reçoit la lumière nord.

XIII. Ce que nous venons de dire fait sentir combien on nuit à l'effet d'un tableau en le transportant de la place où il a été exécuté dans une autre, où les corps environnans peuvent agir sur lui d'une manière fâcheuse : on peut citer plusieur tableaux, jouissant en Italie de réputations légitimement établies, qu'on a vus paraître presque médiocres lorsqu'ils ont été plus tard placés dans la grande galerie du Musée royal. Cet inconvénient accompagne nécessairement ceux qui, passant de l'atelier du peintre à l'exposition du salon, y sont attaqués de tous côtés par une multitude de tableaux montés sur des tons différens. A l'origine de ces expositions, le nombre des ouvrages livrés à l'examen des connaisseurs était très-restreint : il était donc nécessaire de les suspendre tous dans la même salle; mais par la suite, leur nombre se multipliant de plus en plus, on a néanmoins continué par habitude à les placer confusément dans des salles contiguës. Malheureusement leur multitude oblige les personnes chargées de présider à leur arrangement à léguer une partie de leur responsabilité à des subalternes ignorans qui souvent accouplent des tableaux ennemis par leurs couleurs particulières, mais que rapprochent à leurs yeux la grandeur ou la richesse de leurs bordures. Si au lieu de cette confusion générale, les tableaux d'histoire étaient ensemble dans un même local; si ceux qui représentent des figures en petit, se trouvaient placés dans des salles séparées, ainsi que les paysages et les intérieurs, tous les inconvéniens disparaîtraient et le public pourrait porter un jugement méthodique et raisonné, alors que son œil et son esprit ne seraient plus attaqués à la fois par plusieurs impressions contradictoires. C'est ainsi que cela se passe en Angleterre, et l'on sait d'ailleurs l'heureux effet qu'ont produit à la dernière exposition du Louvre, les salles du Conseil d'État, où plusieurs tableaux d'histoire placés en parallèle près l'un de l'autre, rivalisaient de mérite et de succès.

CHAPITRE VIII.

I. Les conclusions que nous avons tirées des considérations précédentes nous indiqueront encore la marche à suivre dans la peinture à la gouache ou à la détrempe; tout se passe dans celle-ci de la même manière que dans la peinture à l'huile, si ce n'est que l'huile y est remplacée par de la colle ou de la gomme. Préparées ainsi, les couleurs ont la plus grande opacité dont elles sont susceptibles, et les blancs, reflèchissant une grande quantité de lumière, jouissent du plus grand éclat possible. Les fresques dans lesquelles la couleur broyée à l'eau est simplement posée sur un ciment blanc, offrent aussi les mêmes avantages. Ces peintures, lorsqu'elles représentent des effets très-clairs, sont celles qui approchent le plus de la nature, tandis que la supériorité est acquise à la peinture à l'huile pour les tableaux obscurs et qui exigent une grande vigueur dans les ombres.

II. Les principes qui nous ont guidés jusqu'ici

nous apprendront encore la théorie de la peinture à l'aquarelle : la différence qui existe entre celle-ci et les autres est que le blanc de plomb y est proscrit et se trouve remplacé par le blanc du papier. Il faut donc ici que les diverses parties des corps qui seraient imitées dans la peinture à l'huile par des teintes contenant du blanc de plomb, soient peintes avec des couleurs au travers desquelles on puisse voir encore le blanc du papier, c'est-à-dire qu'il est nécessaire que ces couleurs soient posées en couches très-minces, ou qu'elles soient par elles-mêmes très-transparentes. De plus, comme la quantité de ces couleurs sera très-petite, il faut que le peintre cherche à n'en avoir sur sa palette que de très-brillantes : les boîtes anglaises qui sont les plus estimées, renferment ordinairement les suivantes :

1° Jaune indien.

2° Gommme-gutte.

3° Laque jaune.

4° Ocre jaune.

5° Terre de Sienne.

6° Terre de Sienne brûlée.

7° Rouge d'Angleterre.

8° Laque ou carmin.

9° Bleu de Prusse, d'indigo et d'azur.

10° Noir d'ivoir.

11° Seppia.

12° Neutral-tint.

Elles forment, comme dans la palette des couleurs à l'huile, une série de tons qui, mêlés avec du bleu, nous donneront les teintes des ombres et des lumières des corps blancs; puis en les combinant avec les tons particuliers des autres corps, nous composerons à toutes les parties ceux de chacun d'eux : il n'y aura donc que dans les endroits tout à fait obscurs que l'on ne devra plus voir le papier.

Cette nécessité de n'employer que des couleurs transparentes fait comprendre comment on ne peut, dans ce genre de peinture, avoir la prétention d'atteindre la vigueur des tableaux à l'huile; c'est à tort que quelques peintres veulent y obtenir les mêmes effets, perdant ainsi l'avantage le plus précieux de l'aquarelle, la fraîcheur des tons qui tient à la transparence des couleurs dont on y fait usage.

Avec une seule et même couleur on peut imiter plusieurs nuances différentes; ainsi la terre de Sienne brûlée, jaune-rougeâtre à une petite épaisseur, deviendra plus rougeâtre et plus sombre, posée à une épaisseur considérable; la laque ou le carmin paraîtront d'un rouge brun, si on en applique plusieurs couches l'une sur l'autre; et employée ainsi, la seppia passera au noir.

La neutral-tint remplace ici le noir de pêche à l'huile, seulement elle est plus violette et convient mieux encore aux reflets bleuâtres de l'atmosphère; aussi en fait-on un grand usage dans les demi-teintes, et comme couleur propre de l'air interposé entre l'œil et les objets éloignés.

III. A l'aquarelle il faut autant que possible poser les tons tels qu'ils doivent rester, et conserver les clairs avec pureté; car lorsqu'ils sont ternis, quelque effort qu'on fasse pour les rappeler, on ne rétablit jamais l'éclat et la netteté primitifs qu'on leur remarque lorsqu'ils n'ont pas été fatigués. Les Anglais emploient souvent le grattoir pour enlever la couleur qui a été posée sur les clairs, mais ce procédé ne convient que pour qnelques touches brillantes, comme dans les eaux ou sur les autres corps polis; partout ailleurs on aperçoit toujours le mauvais effet de la trace inégale de l'instrument sur les grains du papier.

IV. On commence ordinairement par poser les grandes lumières, c'est-à-dire les teintes qui recouvrent les parties qui reflètent la lumière du soleil, puis des diverses nuances de la lumière transmise, enfin les reflets bleus de l'atmosphère : ainsi pour un arbre placé sur le premier plan, on pourra poser les teintes suivantes :

1° *Parties les plus lumineuses.*

Indigo ou bleu de Prusse,
Gomme-gutte ou jaune indien.
Laque.

La laque sera employée en très-petite quantité et uniquement pour détruire la crudité du vert formé d'indigo et de jaune indien.

2° *Lumière transmise.*

Verdâtre ou bleu et	Jaune indien ou gomme-gutte, avec un peu de laque, Ocre jaune ou terre de Sienne, Terre de Sienne brûlée, Rouge d'Angleterre, Laque et noir ou seppia.

3° *Reflets du ciel.*

Ces tons seront composés comme ceux qui

précèdent, si ce n'est que le bleu prédominera; le rouge d'Angleterre et la laque mêlés au bleu donneront la neutral-tint.

V. C'est une chose reconnue que le mélange de deux couleurs transparentes peut donner une couleur qui ne l'est pas du tout. (Newton l'a fait remarquer dans son optique, tome 1er, pag. 185).

« Si l'on prend, dit-il, deux liqueurs colo-
» rées, l'une rouge, l'autre bleue en quantité
» suffisante pour qu'elles paraissent bien fon-
» cées, quoique chacune considérée à part soit
» assez diaphane, elles cesseront de l'être par
» leur mélange; car l'une ne transmettant que
» des rayons bleus et l'autre que des rayons
» rouges, il n'en passera plus aucun à travers
» ces deux liqueurs mêlées ensemble. »

On peut tirer un très-bon parti de cette observation dans le genre de peinture dont nous nous occupons dans ce moment : ainsi par exemple, du bleu d'indigo qui est transparent, mêlé à de la laque qui l'est encore plus, donnent un mélange qui le devient très-peu. Dans la peinture de la tête, où l'on est obligé de pointiller, il y a des artistes très-distingués qui, au lieu de poser des points violets, résultats du mélange du bleu et du rouge, posent séparément des points bleus et des points rouges. A une distance peu considérable, ces petites touches se mêlent dans l'œil, s'y confondent et produisent le même effet que du violet. Quand on mêle trois couleurs, l'opacité du mélange devient encore plus sensible, tandis que la méthode précédente fournit des teintes très-transparentes.

VI. A mesure que l'on a besoin de tons plus foncés on doit employer des reflets plus rougeâtres, car sans cela ils deviendraient trop vite obscurs, c'est-à-dire noirs : c'est pour cela que certaines personnes préparent les ombres avec de la laque, en se réservant de revenir par-dessus avec la couleur propre des corps dont il s'agit, ou avec les reflets de l'atmosphère. Cependant, il faut le répéter, l'aquarelle demande à être faite au premier coup, si ce n'est lorsqu'on l'applique à l'imitation de la figure, dont on ne peut atteindre le fini qu'en revenant à plusieurs reprises et en pointillant. Il vaut beaucoup mieux employer des teintes plutôt trop rougeâtres que trop décolorées, car on refroidit facilement une nuance trop rouge, mais on ne peut pas rougir une teinte gris-foncé ; le rouge placé par-dessus celle-ci la fait tourner au noir.

On voit donc combien à l'aquarelle les ressources sont moins nombreuses que dans la peinture à l'huile ; il n'y a plus à penser aux tons préparés par-dessous, aux épaisseurs de couleur qui appellent la lumière, ni aux glacis pour indiquer les reflets ; tout ce qu'on peut faire, c'est de poser quelques teintes légères par-dessus les premières, pour les altérer ou les renforcer légèrement.

VII. La miniature use absolument des mêmes procédés ; seulement pour la peinture de la figure elle a sur l'aquarelle et peut-être même sur l'huile un avantage tout particulier. Je veux parler de la transparence et de la couleur de l'ivoire qui représente celle d'une peau fine, blanche et transparente : les narines, les lèvres, les paupières, la glande lacrymale préparées avec des tons plus ou moins rougeâtres, représentent la teinte de la lumière transmise.

Les précipités de Cassius, dont le violet est si fin, si transparent et en même temps inaltérable, sont employés avec un grand succès en miniature, pour les reflets de l'atmosphère et les ombres.

Les uns n'emploient dans ce genre de peinture que des couleurs transparentes, les autres entremêlent de la gouache dans certaines parties de leurs figures. Dans les teintes très-foncées, les parties gouachées ne tranchent pas d'une manière désagréable, mais elles augmentent beaucoup les difficultés, lorsqu'on en pose dans les lumières, par la différence de somme de lumière que ces parties et celles qui sont pointillées avec des couleurs transparentes réfléchissent. En effet, si par exemple l'on couvre les chairs avec des couleurs diaphanes, et une draperie blanche avec des couleurs contenant du blanc de plomb, cette draperie peinte avec une couleur opaque, renverra, quoiqu'on fasse, plus de lumière que les chairs, dont les parties lumineuses seront le blanc-jaune transparent de l'ivoire qu'on aura conservé.

Dans les peintures à la gouache, en miniature et à l'aquarelle, il faut calculer sur la couleur verdâtre de la glace dont on les recouvre; lorsqu'elles sont finies, les teintes orangées et rouges de la peinture se conbinant avec le vert de la glace, reforment une teinte grisâtre décolorée, de sorte qu'une tête encadrée paraît plus pâle qu'auparavant. Il faut donc que son coloris soit un peu plus vif qu'on ne veut le faire paraître.

VIII. Les principes que nous nous sommes efforcés à démontrer dans le cours de cet essai, nous semblent prouver qu'il existe une chaîne non interrompue de faits qui relient entre elles les diverses parties de la peinture. Il en résulte d'ailleurs que celui qui voudra méditer profondément sur les effets divers que la nature développe à nos yeux, et sur les chefs-d'œuvres des peintres célèbres, cessera d'attacher trop d'importance à ces méthodes exclusives et à ces ressources particulières à chaque coterie en peinture, mais les adoptera successivement à mesure qu'elles pourront s'appliquer aux cas différens dans lesquels il se trouvera. Enfin, il devra s'estimer heureux, si pour prix de ses efforts, il acquiert la conviction intime qu'il n'y a pas de succès durables en peinture, sans une imitation vraie et raisonnée des phénomènes de la lumière; qu'en suivant cette marche avec constance, il arrivera par une marche longue, pénible, mais sûre, à tout le développement de talent auquel sa constitution particulière peut le faire aspirer.

FIN.

FAUTES A CORRIGER.

Page 16, ligne 11; au lieu de *qu'elle envoye*, lisez *qu'elles envoyent.*

Page 54, ligne 2; après ce mot *d'autres*, ajoutez *parties.*

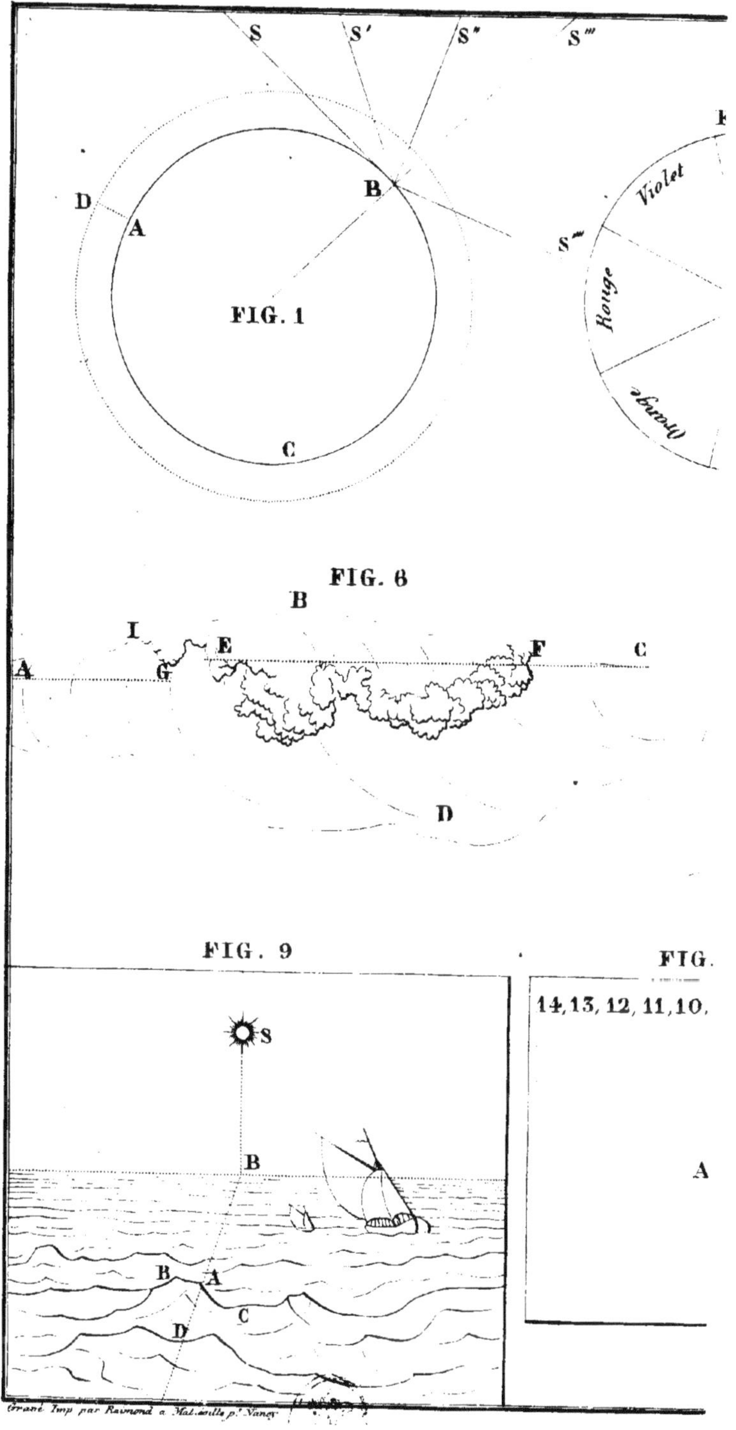

Gravé Imp par Raymond a Malzéville p.s Nancy

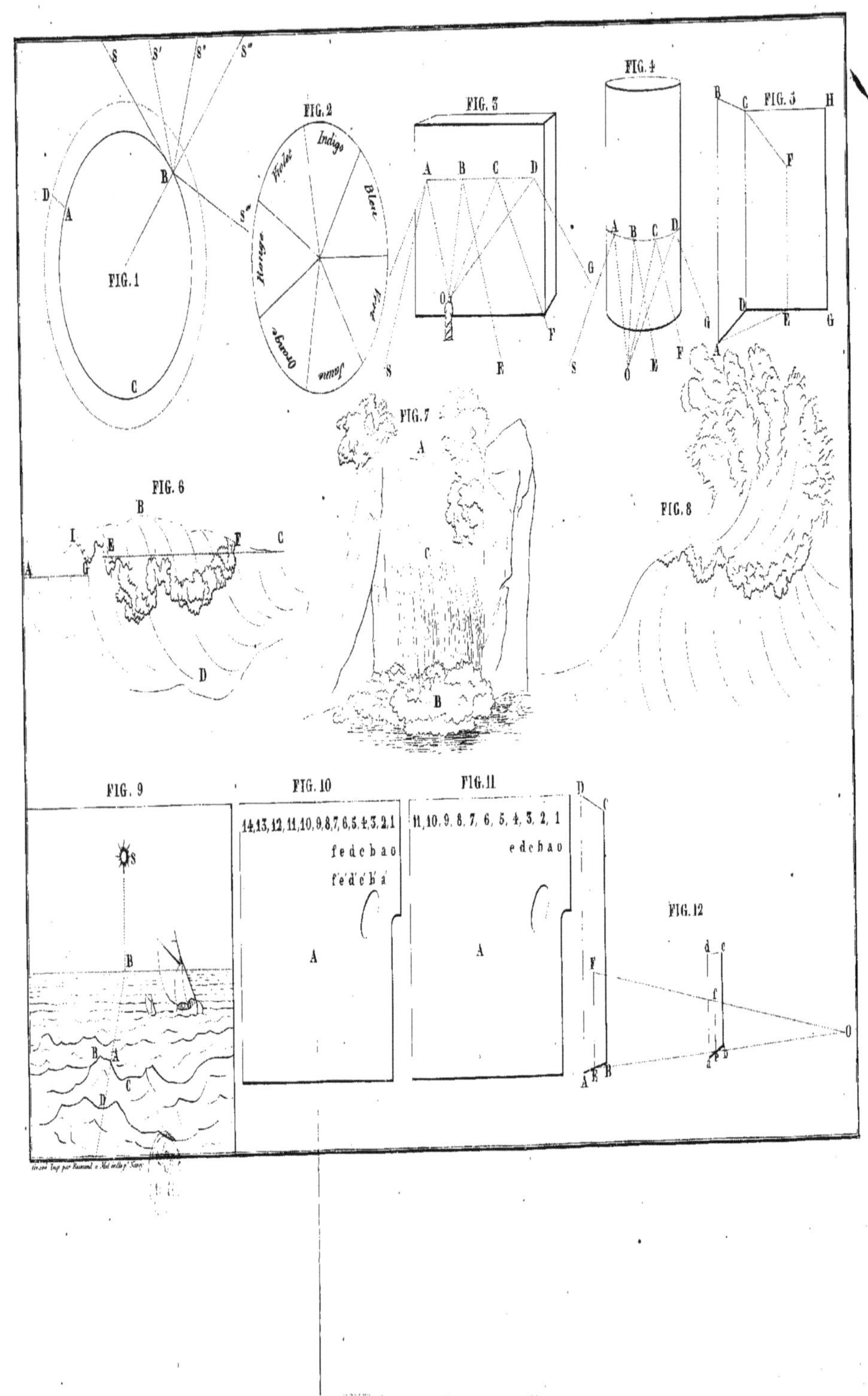
FIG. 1
FIG. 2
Indigo
Bleu
Vert
Jaune
Orange
Rouge
Violet
FIG. 3
FIG. 4
FIG. 5
FIG. 6
FIG. 7
FIG. 8
FIG. 9
FIG. 10
14,13,12,11,10,9,8,7,6,5,4,3,2,1
f e d c b a o
f'e'd'c'b'a'
FIG. 11
11,10,9,8,7,6,5,4,3,2,1
e d c b a o
FIG. 12

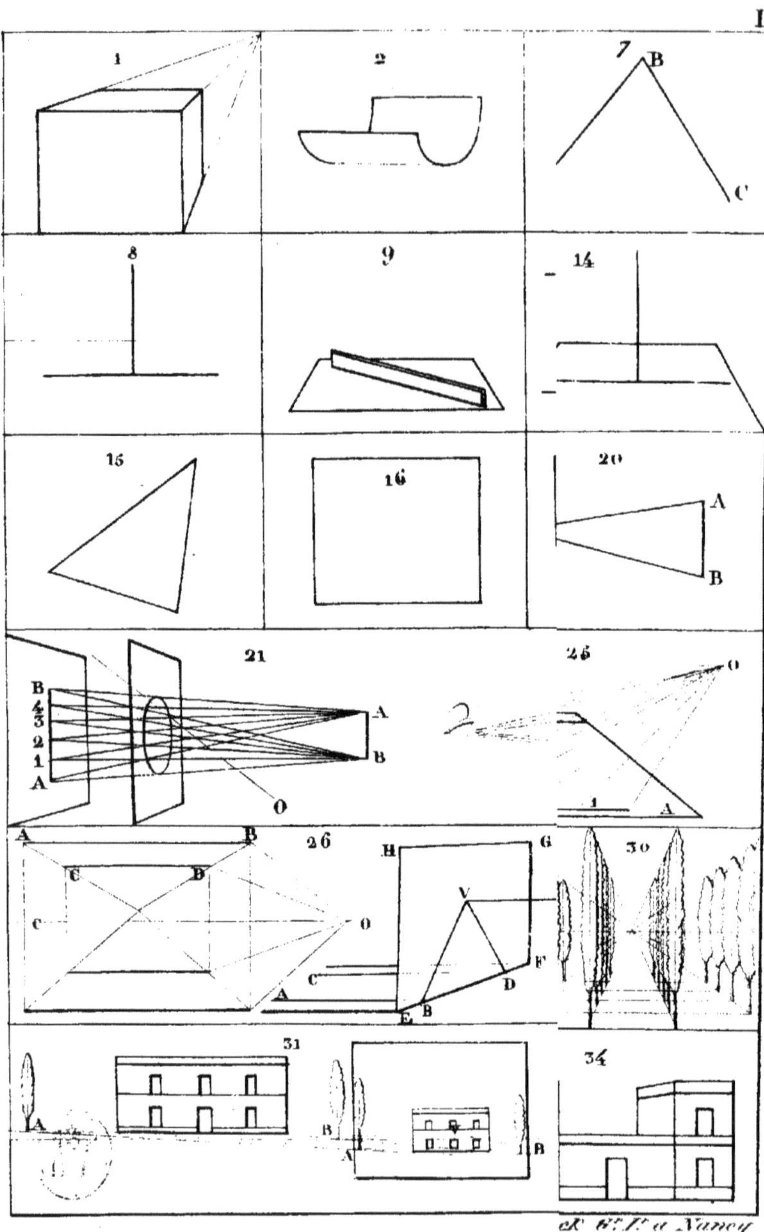
I
1
2
7
8
9
14
15
16
20
21
25
26
30
31
34

I

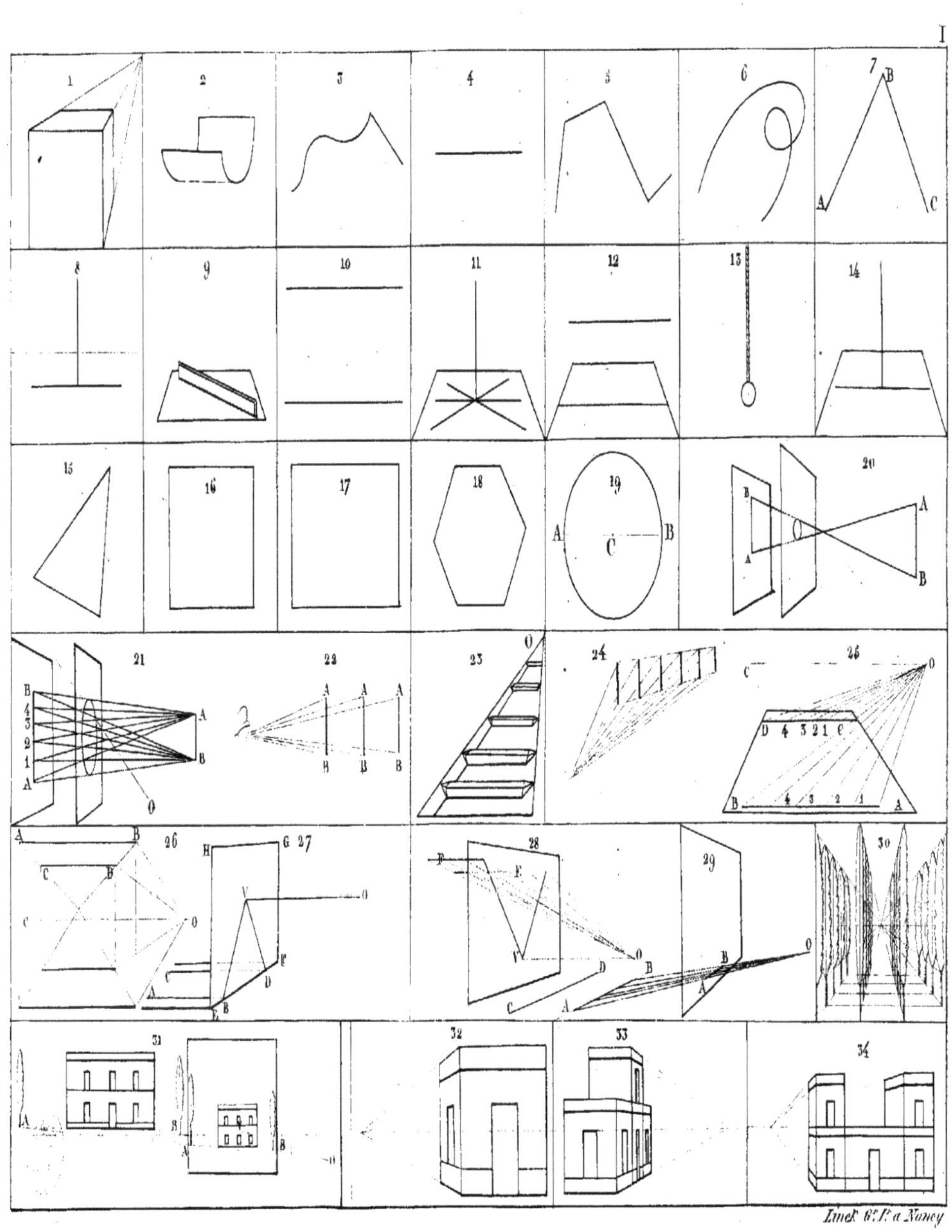

Impr Gr. F. à Nancy

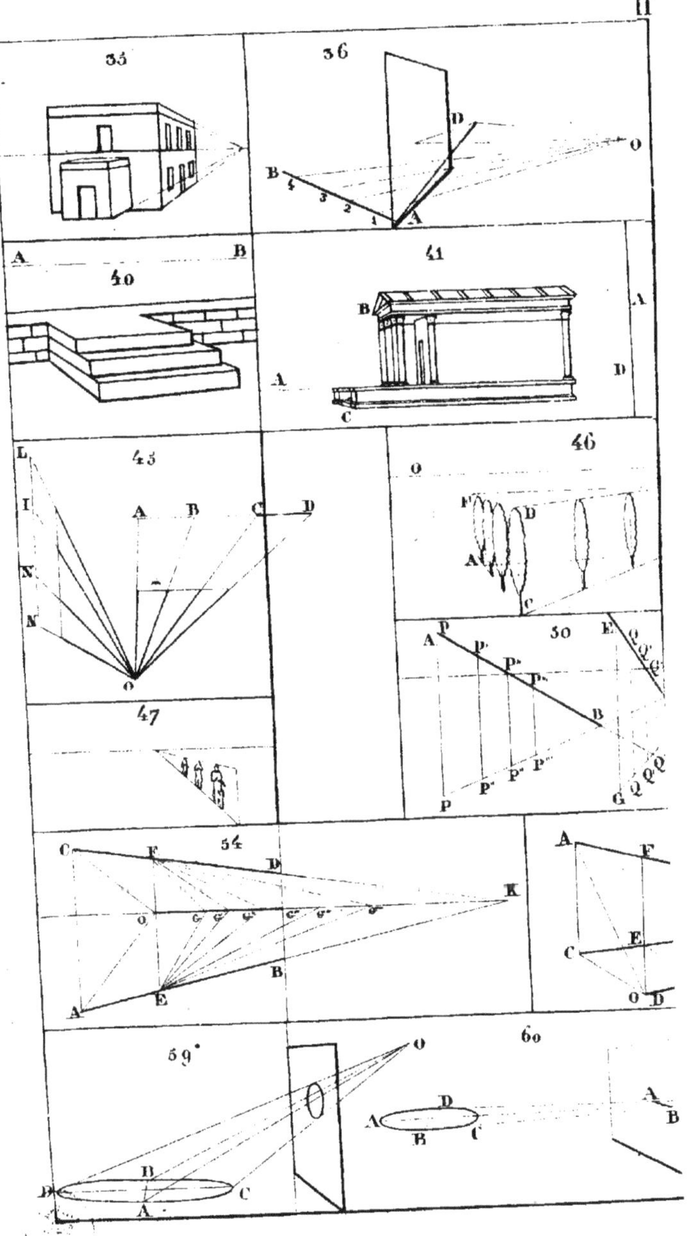
II
35
36
40
41
45
46
47
50
54
59
60

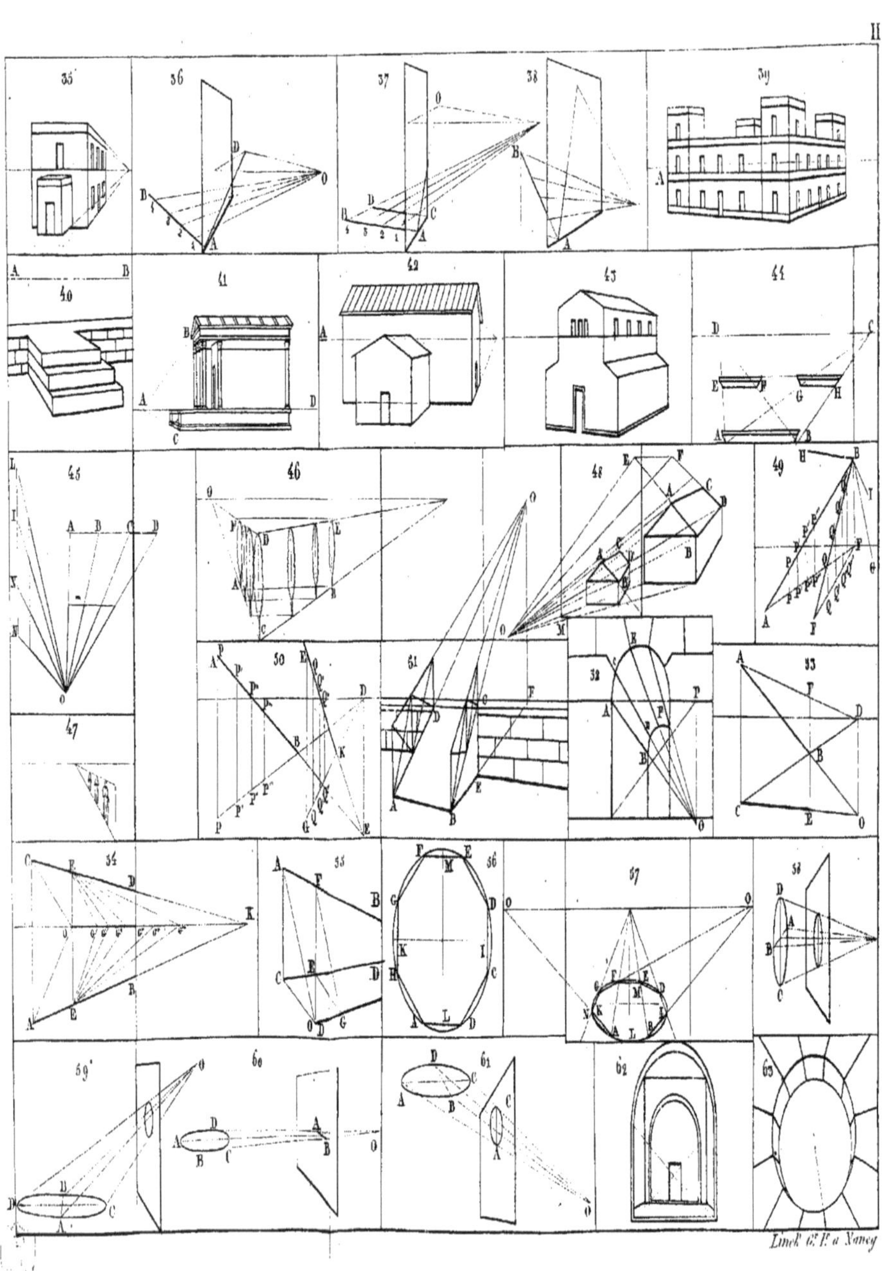
II
35
36
37
38
39
40
41
42
43
44
45
46
47
48
49
50
51
52
53
54
55
56
57
58
59
60
61
62
63

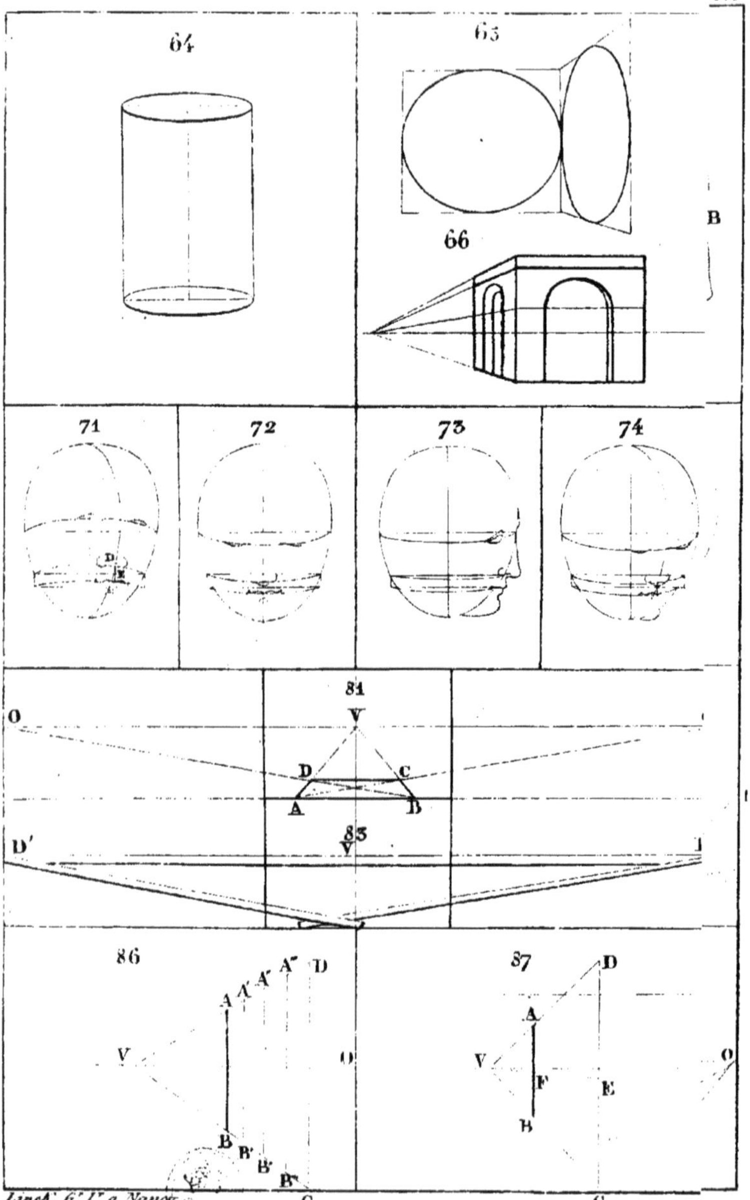

64

65

66

B

71

72

73

74

81

O

V

D C

A B

85

D′

V

86

A A′ A″ A‴ D

V

O

B B′ B″ B‴

C

87

D

A

V

F

E

O

B

C

Linck. G.l.r a Nancy

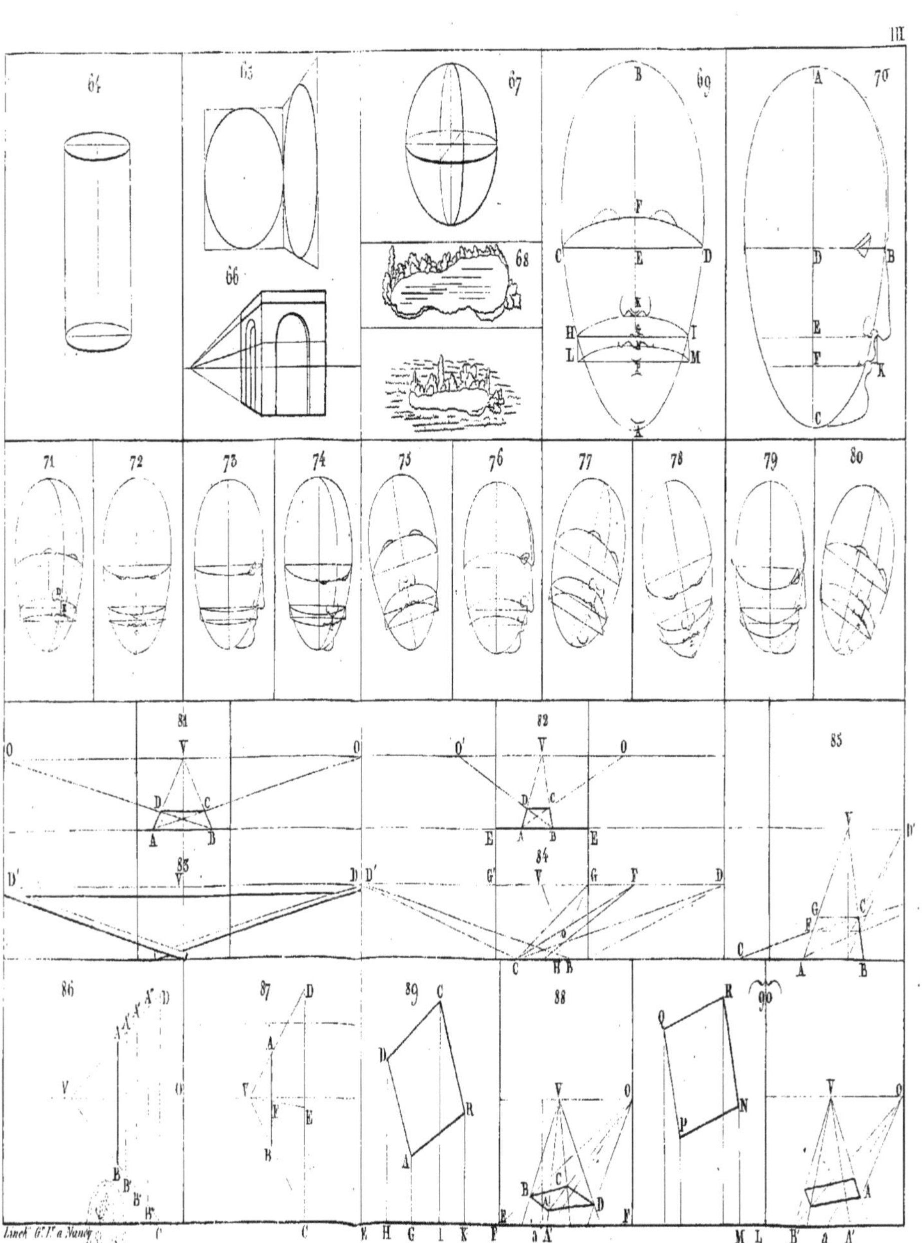
III
64
65
66
67
68
69
70
71
72
73
74
75
76
77
78
79
80
81
82
83
84
85
86
87
88
89
90
Linck' Gr. F. a Nancy

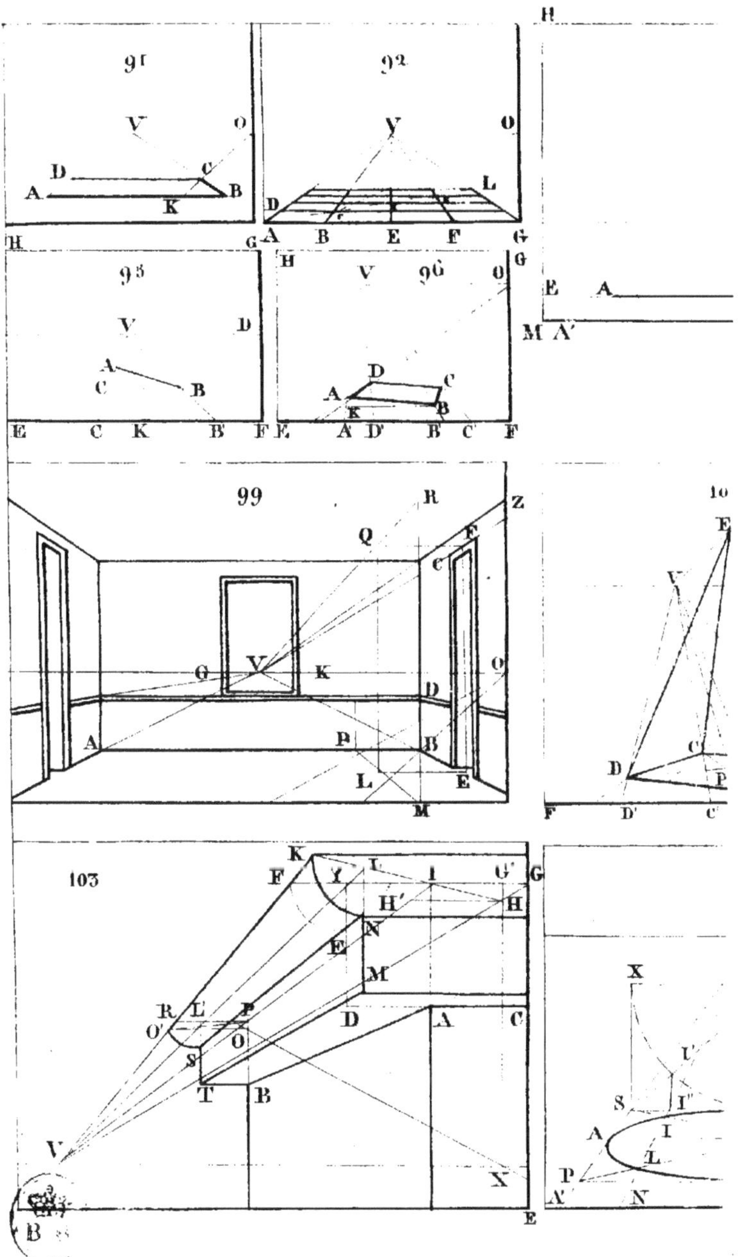

IV

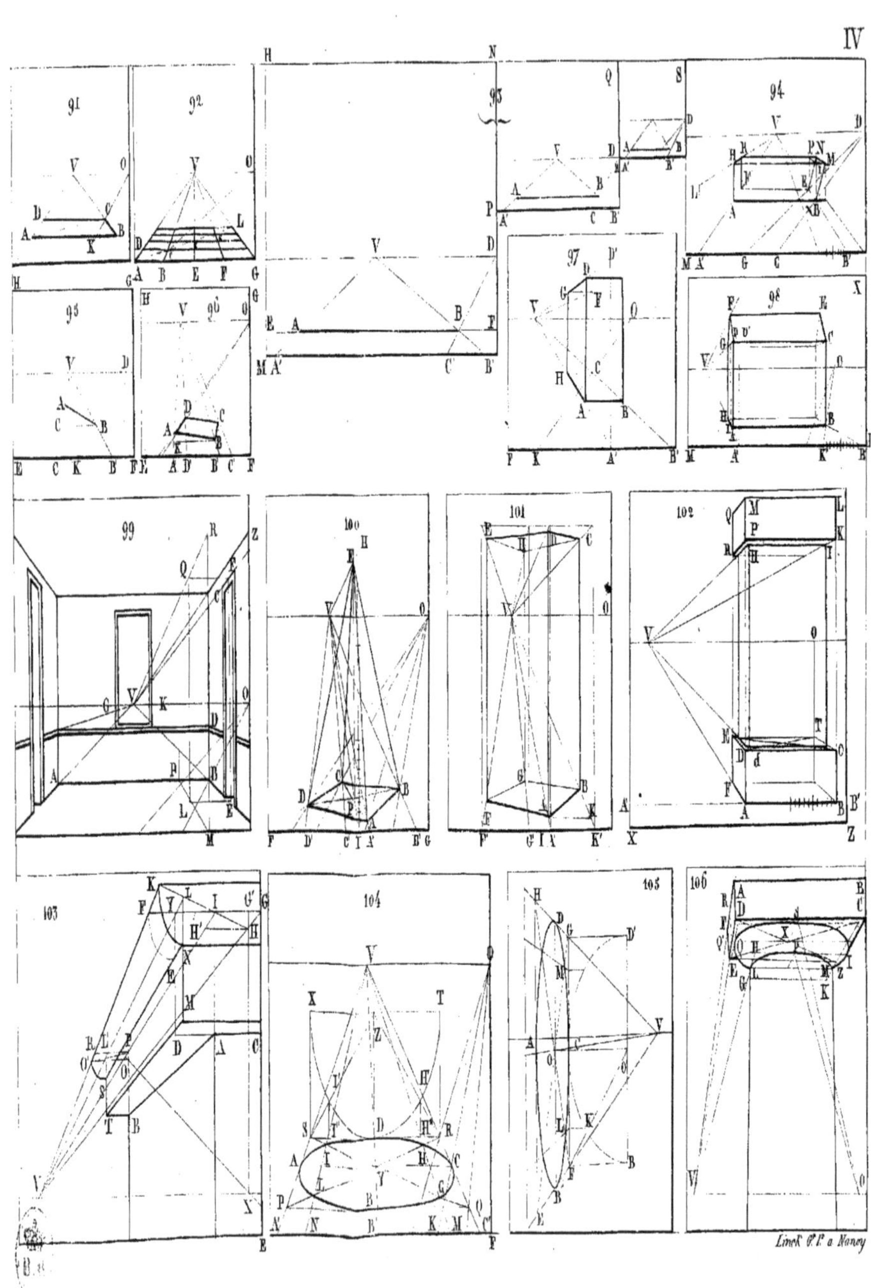

Linck Gr. F. à Nancy

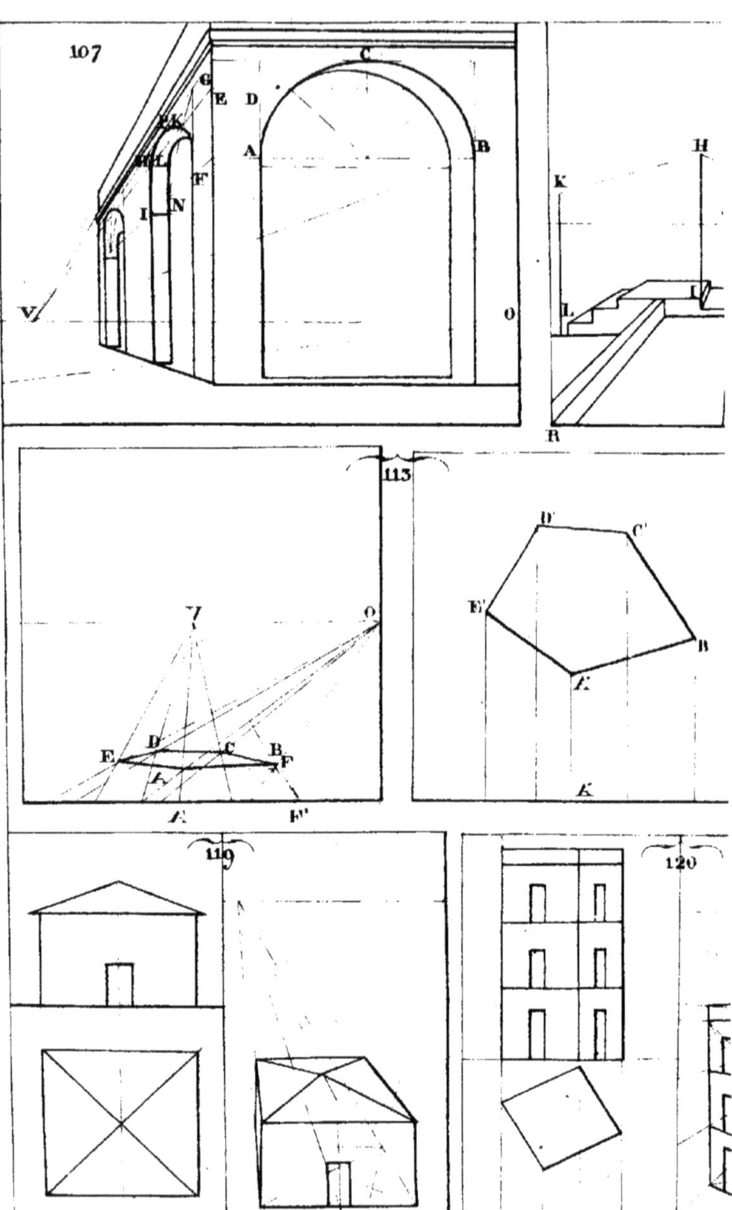
107
C
G
E
D
A
B
F
N
I
V
O
H
K
L
R
113
V
O
E
D
C
B
F
A
F'
D'
C'
E'
B
A'
119
120

V

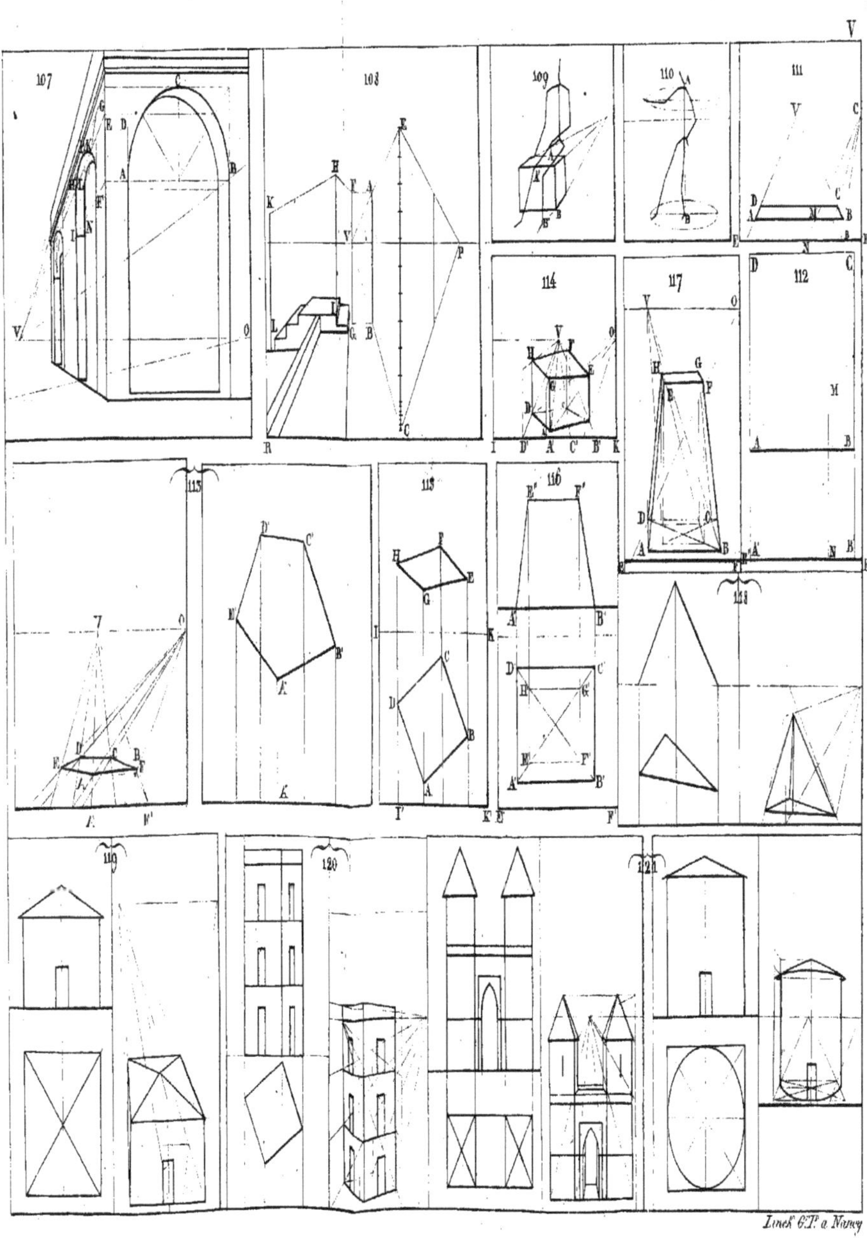

Linck G.T. a Nancy

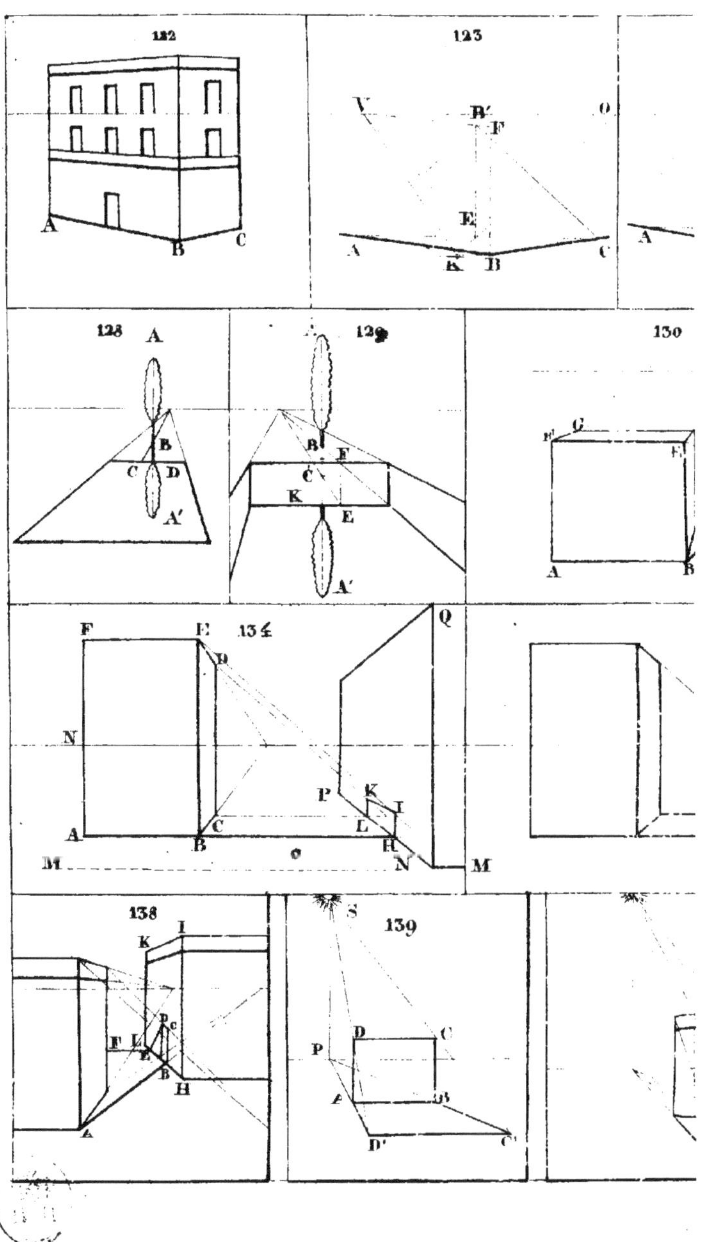

122
A
B
C
123
V
B'
F
O
E
A
K
B
C
A
128
A
B
C
D
A'
129
B
F
C
K
E
A'
130
G
E
A
B
134
F
E
D
N
Q
P
K
I
A
C
B
L
H
o
M
N
M
138
I
K
F
L
E
D
C
B
H
A
S
139
D
C
P
A
B
D'
C'

VI

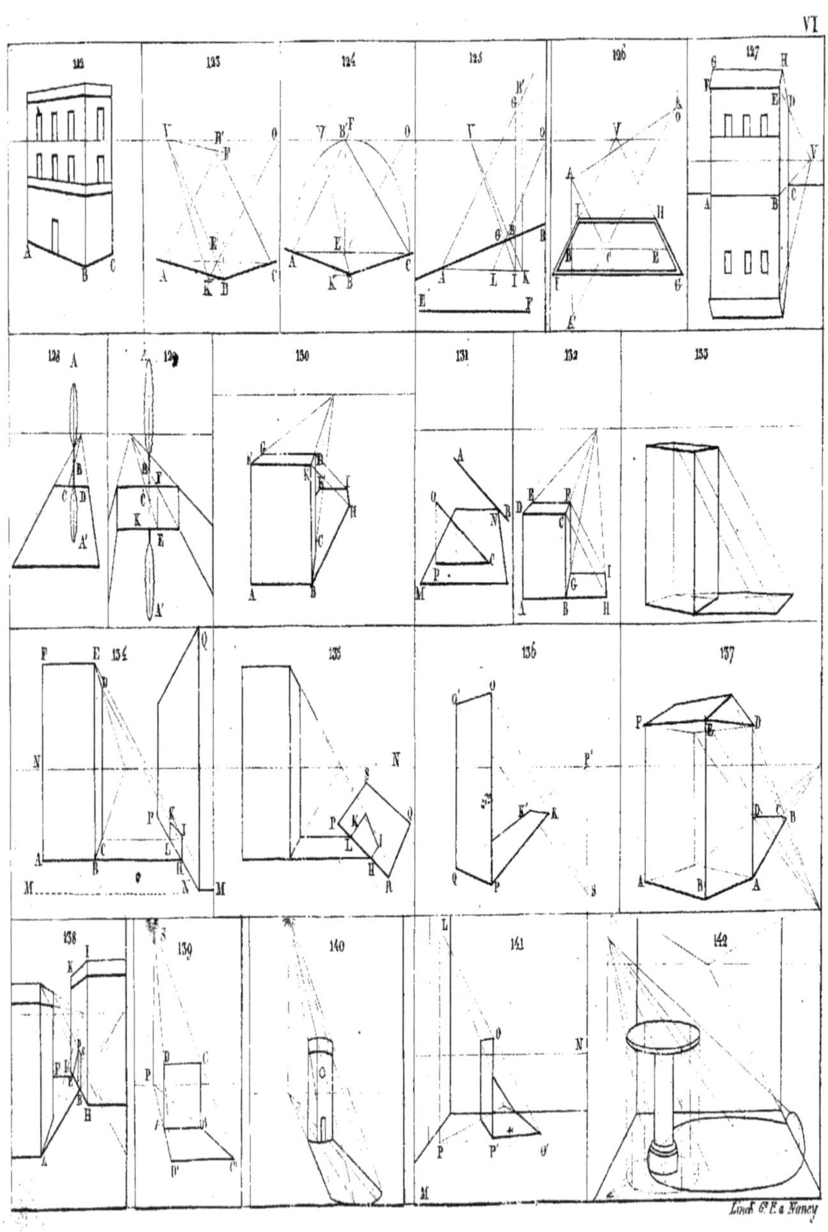

Lith. Gᵉ F. à Nancy

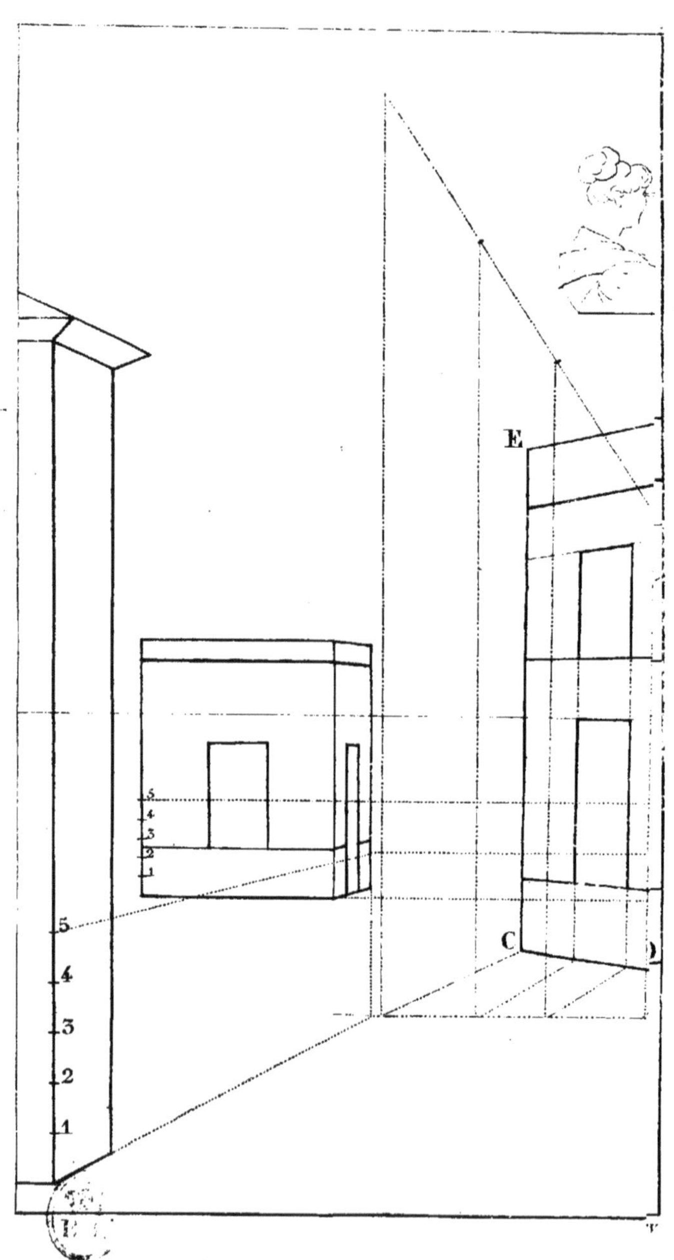
E
C
5
4
3
2
1
5
4
3
2
1

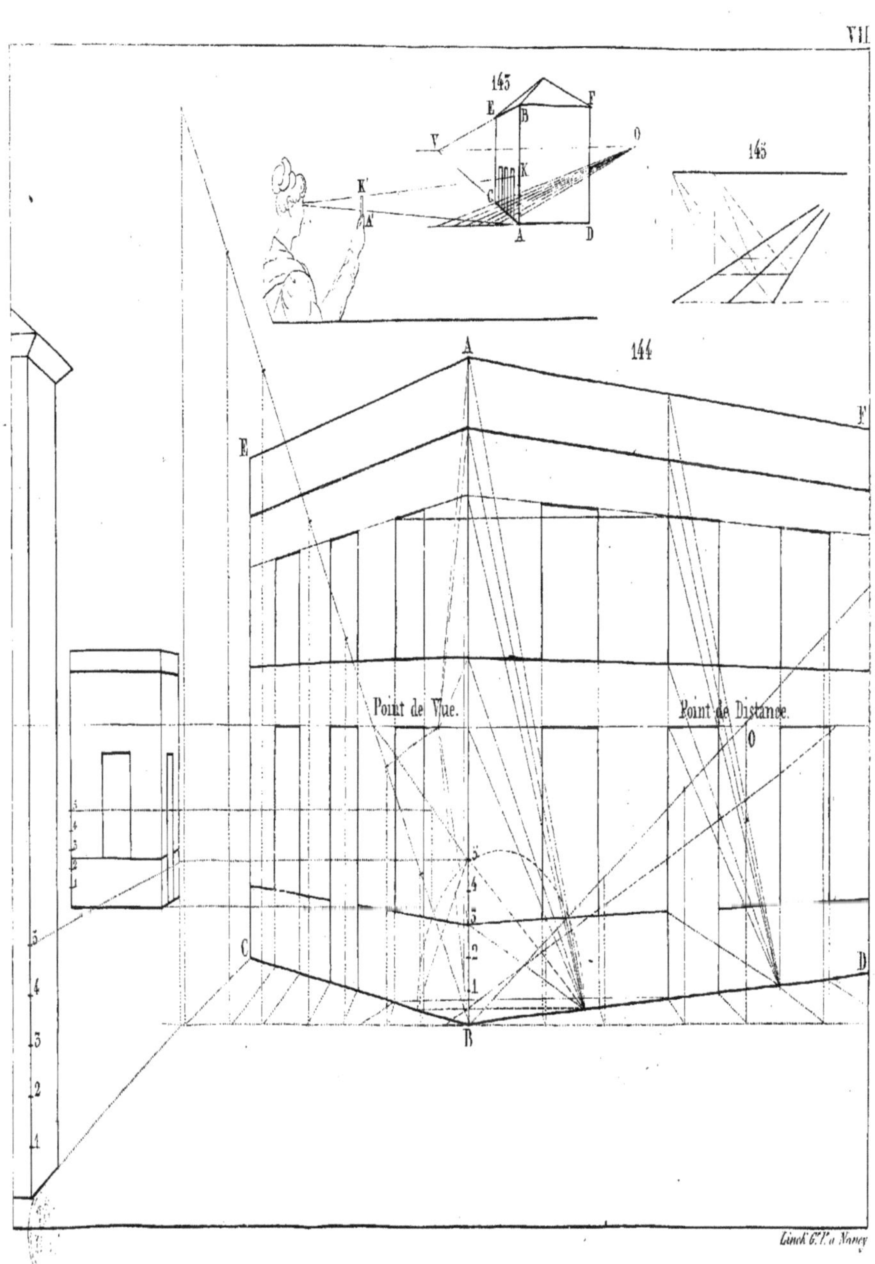

Linck Gr. r. a Nancy

www.ingramcontent.com/pod-product-compliance
Ingram Content Group UK Ltd.
Pitfield, Milton Keynes, MK11 3LW, UK
UKHW022109260726
13993UKWH00001B/407

9 782329 305905